スタンダード英文法

中島平三 著

The mother kangaroo
will feed new leaves to her baby
affectionately
while he is looking out
from her pouch.

Standard English Grammar

大修館書店

はじめに

　動物や植物などの生命体も，会社や学校などの組織体も，さまざまな部分から構成されており，それらがお互いに協力し合いながら，全体として有効に機能しています。各部分は異なる働きをしながら，それぞれが全体の中で重要な役割を担っています。

　英語の文も，働きを異にするいくつかの部分から成り立っています。例えば，次例では，「文」というまとまり（①）が，②〜⑧のような部分から構成されています。これらの部分が揃って，「母親カンガルーは，赤ん坊がお腹の袋からのぞいている間に，新鮮な葉っぱを愛情込めて食べさせるでしょう」というまとまった内容を表現することができます。

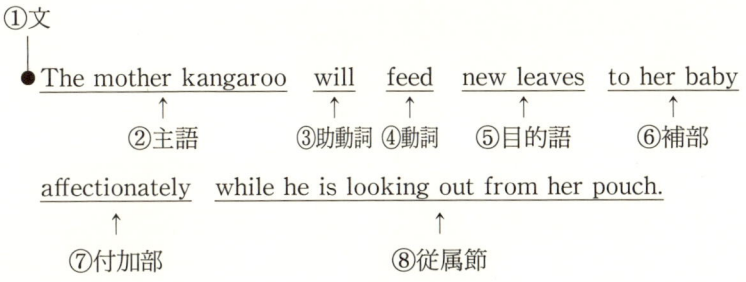

　英語の文（①）は，この例に限らず，基本的に②〜⑧の部分，あるいはそれらのもう少し複雑な組み合わせから成り立っています。したがって，英語が使えるようになる——つまり話したり，書いたり，読んだり，聞き取ったりすることができるようになる——ということは，①および②〜⑧

のことやそれらの組み合わせ方に習熟することです。それができれば，英語の文の仕組みのエッセンスが習得できたことになります。

　文の仕組みは，特に，大きな文（①）の中に別の小さな文（⑧）が現れることができるという点に着目するならば，下のイラストに描かれているカンガルーの姿に似ています。カンガルーは，上から頭，首，胴体，前足（手），後足，尻尾，袋（ポーチ）などといった部位から成り立っており，袋（ポーチ）の中に赤ん坊カンガルーが入っています。カンガルーの頭や首などの各部位も，機能や特徴などの点で，文の②〜⑧の部分によく似ているところがあります。

　そこで本書では，各章の扉（冒頭）で，上の英文とカンガルーのイラストを紹介し，その章で扱われる文の部分とカンガルーの対応部位との類似性に触れながら，文の各部分の機能や特徴，構成などを明らかにしていきます。

　また本書の章立ての順番は，文頭から文末に向かって現れる部分ごとの順——すなわち①〜⑧の順——になっています。英語を話したり書いたり

する時も，聞いたり読んで意味を理解する時も，この順番に左から右へと処理が行われて行くからです。ちょうどカンガルーの姿を，頭から首，胴体へと下に向かって順番に見て行く感じです。

　それぞれの章で扱われる項目の中には，中学や高校で学んだ文法項目がたくさん含まれています。それらの項目を文の構成に必要な部分（①および②〜⑧）ごとに配置することにより，これまでに学習してきた文法項目が，実際に英語の文を書いたり理解したりする上でどのように関わり，いかに大切であるかが，整理されるようになるものと思われます。文法が単に記憶するだけのものではなく，実際に英語を運用する際にも役立つものであることが納得いただければ，著者としてこの上ない喜びです。

　原稿，初校の段階で，埼玉大学の田子内健介君，大妻女子大学の行田勇君に丁寧に読んでもらい，有益な助言や示唆をいただきました。英語の例文については Karen Courtenay，同僚の Andrew Fitzsimons の両氏に相談に乗ってもらいました。ここに記して謝意を表します。出版の際にはいつも楽しく一緒に仕事をして下さる大修館書店の米山順一氏にもお礼を申し上げます。

　　　2006 年 2 月

　　　　　　　　　　　　　　　　　　　　　　　　　　中島平三

目　次

はじめに ……………………………………………………… iii

第1章　文——英文全体を概観する …………………… 3

The mother kangaroo will feed new leaves to her baby affectionately while he is looking out from her pouch.

1.1　文と節……4
　　（文法／4　節／4）
1.2　文の種類……5
　　（文タイプ——働きと形式に基づく分類／6　肯定・否定——極性に基づく分類／7　受動・能動——態に基づく分類／8）
1.3　節の組み合わせ……10
　　（単・複・重——節の組み合わせ方に基づく分類／10　定形性——動詞の形に基づく分類／11）
◇この章のポイント……12

第2章　主語 ………………………………………………… 13

The mother kangaroo will feed new leaves to her baby affectionately while he is looking out from her pouch.

2.1　主語の働き……14
　　（主語は主題／14　主題は既知情報／14）
2.2　冠詞……16
　　（定冠詞／16　不定冠詞／17　総称／18）
2.3　主語の種類……19
　　（文主語構文／19　外置構文／20）
2.4　主語は動作の主体……22

2.5　主題ではない主語を持つ文……24
◇この章のポイント……26

第3章　助動詞 …………………………………………………27

The mother kangaroo **will** feed new leaves to her baby affectionately while he is looking out from her pouch.

3.1　3種類の助動詞……28
3.2　法助動詞……30
3.3　時制……34
　　（現在時制／35　過去時制／37）
3.4　進行形……39
　　（達成動詞／40　到達動詞／41　行為動詞／41　状態動詞／41　動詞の再分類／42　進行形の働き／43）
3.5　完了形……46
　　（完了形の働き／46　継続用法／46　完了用法／48　結果用法／49　経験用法／50　過去を表す副詞／52　過去完了形／53）
◇この章のポイント……54

第4章　動詞 ……………………………………………………55

The mother kangaroo will **feed** new leaves to her baby affectionately while he is looking out from her pouch.

4.1　動詞と後続要素……56
4.2　交替動詞……57
　　（授受動詞／58　供給動詞／60　布置動詞と除去動詞／60　群集動詞／61）
4.3　受動態……62
　　（受動化できない動詞／63　二重目的語と受動化／64　自動詞の受動態／65）
4.4　be動詞……68
　　（2種類のbe動詞／68　疑問詞はwhoかwhatか／70　be動詞の叙述用法と形容詞の叙述用法／71　いわゆる不完全自動詞／72）
◇この章のポイント……73

目次 ix

第 5 章　目的語 ……………………………………… 75

> The mother kangaroo will feed **new leaves** to her baby affectionately while he is looking out from her pouch.

5.1　目的語は動作の目的対象……76
5.2　名詞句の組み立て……77
　　（可算性／77）
5.3　決定詞……81
　　（冠詞類／81　数詞／82　限定数量詞／83　存在の前提／84）
5.4　形容詞……85
　　（形容詞の前位修飾と後位修飾／85　修飾語としての分詞／86）
5.5　後位修飾語……87
　◇この章のポイント……89

第 6 章　補部 …………………………………………… 91

> The mother kangaroo will feed new leaves **to her baby** affectionately while he is looking out from her pouch.

6.1　補部の種類……92
6.2　前置詞句……93
6.3　補文……95
　　（定形節／96　不定詞節／97　動名詞節／98　小節／99）
6.4　不定詞節・動名詞節の助動詞……102
6.5　意味の相違……103
　　（叙実節／103　不定詞節と動名詞節の意味／106　定形節・不定詞節・小節／107）
　◇この章のポイント……108

第 7 章　付加部 ………………………………………… 109

> The mother kangaroo will feed new leaves to her baby **affectionately** while he is looking out from her pouch.

7.1　付加部の種類……110
　　（名詞の副詞的用法／111）
7.2　副詞の分類……112
7.3　副詞の位置……113
　　（動詞句副詞／113　述部副詞／114　文副詞／116　話者副詞／118　副詞と位置／119）
◇この章のポイント……120

第8章　従属節 …………………………………………121

The mother kangaroo will feed new leaves to her baby affectionately **while he is looking out from her pouch.**

8.1　副詞節の位置……122
8.2　非定形の副詞節……124
　　（不定詞節／124　現在分詞・動名詞節／125　過去分詞節／129　無動詞節／131）
8.3　仮定法……134
　　（仮定法現在／136　仮定法過去／138　仮定法過去完了／139　仮定法の時制と時／139）
◇この章のポイント……142

主要参考文献 ………………………………………………143
索　引 ………………………………………………………145

スタンダード英文法

The mother kangaroo
will feed new leaves to her baby
affectionately
while he is looking out
from her pouch.

第 1 章

文

英文全体を概観する

第 1 章 文

英語の「文」は複雑に見えるかもしれませんが，その仕組みはとてもシンプルです。イラストにはカンガルーの頭，首，胴体，前足，後足，尻，お腹の袋(ポーチ)に入った子どもが描かれていますが，英語の文を構成する要素もこうしたカンガルーの部位とよく似ています。色や形などによってカンガルーにも変種があるように，文にもいくつかの種類があります。ここではカンガルーならぬ「文」の種類について見ておきましょう。

1.1 文と節

◎文法

　　私たちは，事実や出来事を報告したり，考えや意見を述べたりするのに，「文（sentence）」という単位を用います。Jack や dog という名詞，あるいは dance や bite という動詞だけでは，出来事の報告にも考えの陳述にもなりません。Betty danced beautifully. や Jack will bite the dog. のような文になって初めて，情報・思考のまとまりとなります。

　　「文法」は，文の構成や組み立て方についての約束事（規則）のことです。「文」の組み立ての「法」則ですから，文法と言うわけです。約束事といっても聖典や法律とは違って，偉い聖人や議会などが決めたのではなく，それぞれの言語には文の構成に関する規則性が元々（気づかない形で）存在しています。そうした規則性を，一定の用語や表記法で書いたものが文法です。文法の規則を理解しておくことにより，その言語を用いて話したり書いたり，また内容を聞き取ったり，読んで意味を解釈したりすることが可能になります。

◎節

　　文には必ず「主語（または主部）と述部」が含まれています。簡単に言うと，主語は「何が」に相当し，述部は「どうした」に当たり，文は「何がどうした」という考えのまとまりを表します。文には必ず主語と述部の対（つい）が含まれますが，対の数は1組とは限りません。例文(1)では，Jack が主語で thinks 以下が述部ですが，述部の

中にまた Betty という主語と likes beer という述部から成るもう1つの対があります。

(1) Jack thinks that <u>Betty</u> <u>likes beer</u>.
　　　　　　　　　　　主語　　述部
　　　　<u>Jack</u>　<u>thinks that Betty likes beer</u>
　　　　主語　　　　　　述部

　主語と述部の対から成る文法上の単位を「節 (clause)」と言います。文には必ず主語と述部からなる対が，少なくとも1つは含まれています。1つの節から成り立っている文を単文，複数の節から成り立っている文を複文または重文と言います。節の構成は，それが単文に現れようと，複文，重文に現れようと基本的に同じです。したがって，本書では，まず単文の節の構成からみていきます。

1.2　文の種類

　これまで中学や高校の英文法で，「文」という語が付く用語をたくさん習ってきました。平叙文，肯定文，能動文，単文……。いずれも主語と述部の対を含んでいるので文と言いますが，ちょうど白人，成人，凡人，歌人などには共通して「人」が付いている（それゆえ，人間のことを表している）けれどもそれぞれが別の基準に基づく分類であるのと同じように，「文」が付いているこれらの文の種類も異なる基準に基づく分類です。黒人で，老人で，賢人で，画人である人間がいるのと同じように，疑問文で，否定文で，受動文で，複文であるような文もあるわけです。そこで，文の分類の基準を整理しておきましょう。

◎文タイプ ── 働きと形式に基づく分類

文は、その基本的な働きに基づいて、平叙文、疑問文、命令文、感嘆文に分けられます。これらの文タイプは、それぞれに特有な形式をしています。

「平叙文」は、出来事や考えを陳述する（申し述べる）という働きをしています。主語の後ろに述部が続くという最も標準的な形式をしています。

（2）Jack will see the movie.
　　　　↑　　↑
　　〈主語〉＋〈述部〉の順

「疑問文」は、相手に質問をするという働きをしており、質問の内容が成り立つか（正しいか）どうかを問う疑問文は「yes-no 疑問文」、何かに関する情報提供を求める場合には、その何かを疑問詞（wh で始まる wh 句および how）にして尋ねるので「WH 疑問文」と言います。yes-no 疑問文は主語の手前に助動詞（→第3章）が移動している形式を、一方、WH 疑問文は wh 句を文頭に置き、（大方の場合）助動詞が主語の前に移動している形式を取ります。

（3）Will Jack see the movie?
　　　└──助動詞が主語の前に移動

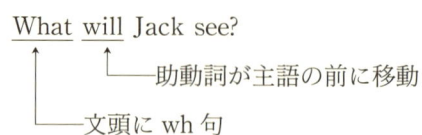

　　　└──文頭に wh 句

「命令文」は、相手に命令（丁寧さに応じて、指示、要請、懇願など）するという働きをします。通常、主語がなく、また原形動詞で始まる形式をしています。

（4） Come to my office soon.
　　　　↑　　↑
　　　　│　　└──動詞の原形
　　　　└──主語がない

　主語がないとなると節の定義（主語と述部から成る）に違反しているように思えますが，特に強い命令を伝える命令文では随意的に主語の you が現れます（You come to my office soon.）。命令文では，主語がないのではなく見えないだけで，（潜在的に）存在しているものと考えられます。

　「感嘆文」は，程度や種類が際立っていることに対する驚きを表すのに用いられます。文頭に how や what（これらを感嘆詞といいます）を伴った語句が現れ，その後に平叙文と同じ語順の語句が続きます。感嘆詞 how は形容詞や副詞を伴って，一方，感嘆詞 what は名詞を伴って現れます。

（5） How high he jumped!　（6） What a book he wrote!
　　　└──感嘆詞 how で始まる　　　　└──感嘆詞 what で始まる

◎肯定・否定 ── 極性に基づく分類

　節の主語と述部で述べられている内容が正しく成り立つ文は肯定文，それを打ち消す文は否定文と言います。肯定と否定は，北極と南極のように正反対にあるので，極性（polarity）と言います。

　「否定文」の場合，平叙文では He does not like a panda. のように，主語と述部の間に否定を表す要素 not（および，それに付随して do/does/did：→ 3.1）が現れます。not によって，主語と述部の結び付きを否定するわけです。疑問文では，Isn't he a French? のように not が n't に縮約して助動詞と共に主語の手前に生じるか，Is he not a French? のように縮約せずに主語の後ろに現れま

す。命令文では，Don't speak loudly. や Don't be noisy. のように，一般動詞・be 動詞の区別なく文頭に Don't が現れます。感嘆文の否定形はありません。

「肯定文」には特に肯定を表す要素が現れませんが，平叙文において強く肯定を表す場合には，He dóes like a panda. のようにいわゆる強調の do が生じます。

◎受動・能動 —— 態に基づく分類

猫がネズミの後方から勢いよく迫っている様子を，猫の観点から述べれば「猫がネズミを追いかけた」となりますが，ネズミの観点から述べれば「ネズミが猫に追いかけられた」となります。同じ出来事を，それに関わっている事物の異なった観点から述べることができるわけですが，どの観点から述べるかによって，主語となるものが異なりますし，また動詞の部分の形式も異なってきます。その形式を「態（voice）」と言います。

行為を行うものの観点から述べる場合には，行為を積極的に行うものを主語にし，その行為者について述べるので，その形式を「能動態」，一方，行為の目標や対象となるものの観点から述べる場合には，行為の影響を被るものを主語にし，そのものについて述べるので，その形式を「受動態」とそれぞれ言います。受動態では動詞の部分が be 動詞プラス動詞の過去分詞（be＋過去分詞）となります。また能動態で主語であったものが，前置詞 by の後に現れます。能動態 A cat chased a rat. に対する受動態は A rat was chased by a cat. となります。

文タイプ，極性，態はそれぞれ別個の分類基準ですから，これらの基準が組み合わさると，例えば，肯定の，能動態の，平叙文と

か，否定の，受動態の，疑問文という文ができてきます。感嘆文には否定形がありません。

(7)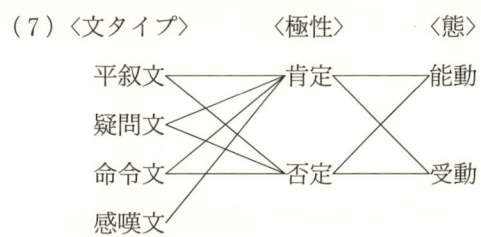

これらの基準の組み合わせの具体例に示すと，表1のようになります。

表1

態 極性 文タイプ	能 動		受 動	
	肯 定	否 定	肯 定	否 定
平叙文	He admires her.	He does not admire her.	She is admired by him.	She is not admired by him.
疑問文	Does he admire her?	Doesn't he admire her?	Is she admired by him?	Isn't she admired by him?
命令文	Admire her.	Don't admire her.	Be admired by him.	Don't be admired by him.
感嘆文	How much he admires her!		How much she is admired by him!	

1.3 節の組み合わせ

◎単・複・重 ── 節の組み合わせ方に基づく分類

　既に見たように，1つの節からなる文は「単文」です。全体の節の一部に別の節が現れているような文を，「複」数の節からなる「文」──「複文」と言います。大きい方の節（全体の節）を主節とか主文と呼び，小さな節（一部分の節）の方を従属節とか従文と言います。主節は独立できるので独立文，一方，従属節はその一部に埋め込まれているので，埋め込み文と呼ばれることもあります。

　（8）[I believe [that Jack is a vegetarian]].

　　　　　　　　　　従属節／従文／埋め込み文
　　　　　主節／主文／独立文

　2つまたはそれ以上の節が，等位接続詞の and, but, or で結び付けられている文が「重文」です。重文全体が独立文であれば，それぞれの節も独立文になります。複文の主節および従属節，重文のそれぞれの節は，文タイプ・極性・態の3要因の組み合わせによってできます。すなわち，表1で見た文タイプ4種類×極性2種類×態2種類＝16種類，そのうち感嘆文の否定形2種類がありませんからそれを差し引き，合計14種類が，主節としてばかりではなく，複文の従属節としても，重文のそれぞれの節としても現れることができます。主節と従属節とでは語順などに関して若干の違いが出てきますが，こうした点については6.3で見ます。

◎定形性 ── 動詞の形に基づく分類

　　　　節の分類には，このほかに動詞の形が主語の数（単数・複数）および人称（1〜3人称）に基づいて変化するかという「定形性」の基準があります。多くの言語では，主語の数・人称（および，性）の違いに応じて動詞の形が変化します。主語と動詞の形が，数・人称に関して一致する ── 例えば，主語が3人称の単数形ならば，動詞もそれに特有な形となる ── ので，「主語と動詞の一致」と言います。現在の英語では主語と動詞の一致があまり顕著には見られませんが，辛うじて，be動詞（am, are, is, was, were）と，一般動詞のいわゆる3単現（主語が3人称・単数で時制が現在時制の場合に，動詞に -s が付く）に残っています。主語と動詞の一致が成り立つような節を「定形節（finite clause）」，成り立たない節を「非定形節（non-finite clause）」と言います。この区別が定形性です。

　　　現代英語では主語と動詞の一致が顕著ではないので，定形─非定形の相違を，一致が具体的に表れる時制の有無に求める方が分かりやすいかもしれません。定形節では現在または過去の時制の区別があるのに対して，非定形節ではその区別がありません。

　　　これまで見てきた節はいずれも定形節です。主語が3人称・単数ならば，be動詞は is/was，一般動詞は knows のように -s が付き，主語が他の場合と異なった形になります。また，時制が現在または過去のいずれかになっています。定形節と対比される主な非定形節としては，不定詞節と動名詞節があります。非定形節も「節」なので主語と述部の関係が成り立ちますが，主語の人称・数の如何にかかわらず，動詞の形は変わりません（つまり，主語と動詞の一致が見られません）し，時制の区別も成り立ちません。主語が何であろ

うと，不定詞節では動詞は原形，動名詞節では -ing 形です。独立節（単文，複文の主節，重文のそれぞれの節）は定形節に限られますが，複文の従属節には定形節も非定形節も現れます。（9 a）の従属節（斜体部）は定形節なので主語（下線部）と動詞（波線部）の一致や時制が見られますが，（9 b）（9 c）の従属節は非定形節なので一致や時制が見られません。

(9) a. I remember *that Jack meets Betty every Saturday*.

（定形節）

b. I arrange *for Jack to meet Betty next Saturday*.

（非定形節・不定詞節）

c. I remember *Jack meeting Betty last Saturday*.

（非定形節・動名詞節）

◇この章のポイント
- 文を構成する節は，「主語」と「述部」からなる。
- 文の種類は，さまざまな基準で分類される。

The mother kangaroo
will feed new leaves to her baby
affectionately
while he is looking out
from her pouch.

第 2 章
主語

文頭に現れる「主語」はカンガルーの「頭」によく似ています。カンガルーの頭がその身体に比べるとだいぶ小さいのと同様に，主語の長さも，文全体から見ればとても短いものです。また，頭も主語も一番先端にあり，さらに，頭に付いている目や耳が情報の入り口であると同じように，主語も文の入り口です。これから何について述べようとしているのか，その主題を提示するのが，主語の大切な働きです。

第 2 章 主語

2.1 主語の働き

◎**主語は主題**

　文には必ず主語（または主部）があります。そのことは，第1章で見た節の定義からも，また，高校までで習った5文型がいずれもS（subject）から始まっていることからも，明らかでしょう。

　主語は，たいがいの場合，文頭に現れます。当然，述部よりも手前に現れます。それは主語が，これから述べる文が「何について」であるかを明らかにする働きをしているからです。そのような働きを，文の「主題（theme）」と言います。それに続く述部では，取り上げられた主題について「どうした」とか「どんなだ」と説明が述べられます。主語で文の主題が取り上げられ，述部でそれについて述べられる——したがって，それぞれの部分が「主語」「述部」と呼ばれるわけです。

◎**主題は既知情報**

　主題となるのは，話しかける相手（聞き手）が知っていると思われる事物や事柄についての情報です。そのような種類の情報を「既知情報」あるいは「旧情報」と呼んでいます。話の流れの中で既に登場しているとか，状況からその存在が相手にも判断できるとか，1つしか存在しないといったような事物についての情報が，既知情報となります。主語になるのは，当然のことながら，既知情報を担っている語句が圧倒的に多いです。そしてその既知の事柄について，次に出てくる述部のところで新たな情報（新情報）が付け加えられていきます。

2 主語

しかも実際の文章や発話では文と文が繋がっています。文の主語がその前の文の述部で登場している（それ故，それ以降，既知情報となる）情報を引き継ぐことによって，話の繋がり具合や流れが良くなります。次の文章は，ビル・クリントン前米国大統領の回顧録 *My Life* の冒頭の部分です（一部省略）。それぞれの文の主語に注目してみましょう。

（1）(a)Early on the morning of August 19, 1946, I was born under a clear sky after a violent summer storm to a widowed mother in the Julia Chester Hospital. (b)My mother named me William Jefferson Blythe III after my father, William Jefferson Blythe Jr.. (c)According to his sisters, my father always tried to take care of them…. (d)He met my mother at Tri-State Hospital in Shreveport, Louisiana, in 1944, (e)when she was training to be a nurse. (1946年8月19日の早朝に，私は激しい夏嵐のあとの青天のもとで，ジュリア・チェスター病院に入院していた寡婦の母の所に生まれた。母は，私の父のウィリアム・ジェファソン・ブライス・ジュニアの名をとってウィリアム・ジェファソン・ブライス3世と，私を名づけた。父の姉妹たちによると，父はいつも姉妹たちの世話に努めた。父は，1944年に，ルイジアナ州・シュレバポートのトライ・ステイト病院で母と出会った。その時，母は看護師になるべく訓練を積んでいた。）

第1文(a)の主語のIは語り手のことであり，誰のことだか分かりますから，当然，既知情報です。その述部の一部に母親 (a widowed mother) が出てきています。その時点で新情報ですが，そ

れ以降は既知情報となります。それが第2文(b)の主語(My mother)となっています。その述部の中に父親(my father)が出てきており、それがその次の(c)の主語となっています。それを代名詞 he で受け継いで(d)の主語になっています。その述部に再び my mother が現れ、それが次の(e)の主語になっています。このように、既知情報の要素——とりわけ、前の文に現れている要素との関わりで既知情報となる要素——が主語になる傾向があります。

2.2 冠詞

既知情報は、聞き手に既に分かっている情報ですから、あまり修飾語句が付かずに「小さな」語句となります。その典型が、代名詞です。代名詞は、既出のものを1語で表現します。固有名詞も、原則的に特定の一人（または1つ）に固有な名称ですから、その固有名詞を聞き手が知っていれば、話の中にそれまで登場していないとしても、既知情報となります。一方、普通名詞が既知情報であることを表す手段として、英語には定冠詞の the があります。

◎定冠詞

名詞は、その名詞によって表される事物の集合（クラス）のことを意味します。dog ならば、すべての犬の集合のことです。「定冠詞」は、その集合の中で、聞き手がどの犬であるかを1つに定めることができる——同定できる（identifiable）——と思われる場合に用いられます。名詞の分類については5.2で詳しく見ますが、名詞のうち普通名詞には、定冠詞の the が付くことができます。(2

a)のように，普通名詞の可算名詞・単数形に定冠詞が付く場合には，特定のメンバー1つを同定でき，(2b)のように複数形に付く場合には，複数のメンバーすべて，あるいは複数のメンバーから成る集団のことを同定できる時に用いられます。したがって，(2a)の dog, (2b)の dogs は，聞き手が特定の犬に同定できるであろうと話し手が考えている犬のことを指しています。(2c)のような不可算名詞の場合には，たとえば水を1つ1つのメンバーに分けることはできませんので，特定の容器などに入れられている水のことを表すことになります。

(2) a. *The* dog bit Jack.
 b. *The* dogs bit Jack.
 c. *The* water spilt over.

たった1つしか存在しないもの——例えば，天体 (the earth, the sun, the universe, the world など)，方角 (the north, the left, the south pole など)，空間領域 (the air (空中), the sky (空), the water (水中), the field (野), horizon (水平線) など)など——に常に定冠詞が付くのは，常時1つに同定できるからです。

◎不定冠詞

一方「不定冠詞」は，聞き手が，特定のものに同定できないと考えられる場合に用いられます。不定冠詞の a は，「1つの」という意味が含まれているので，可算名詞の単数形だけに付きます。可算名詞の複数形や不可算名詞には，a の代わりに，語形に現れない「ゼロの不定冠詞」(ϕ と表記) が付いていると考えればいいでしょう。そうすれば，表1にみるように，すべての名詞が何らかの冠

詞を持っていることになります。

(3) a. *A* dog bit Jack.（犬がジャックに嚙みついた）
　　b. *Dogs* [=φ Dogs] bit Jack.
　　　（(何匹かの)犬がジャックに嚙みついた）
　　c. *Water* [=φ Water] spilt over.（水がこぼれた）

表1

名詞の種類 冠詞	可算名詞		不可算名詞
	単数	複数	
定冠詞	the dog	the dogs	the water
不定冠詞	a dog	φ dogs	φ water

◎総称

　(3)の述部は，一時的な（あるいは一回性の）出来事を表しています。一方，述部が恒常的な性質・状態・事実などを表す場合には，不定冠詞および「ゼロ冠詞」は「～というものは」という「総称（generic）」の意味で用いられます。例えば(4 a, b)の docile（従順な）や，(4 c)の fluid（流動性の）などは恒常的な性質や状態を表しています。これらの述語の主語として，不定冠詞やゼロ冠詞を伴った名詞が現れると，「犬というものは一般に」とか「水というものは一般に」という総称の意味になります。不定冠詞やゼロ冠詞は，特定化されていない任意のメンバーや部分のことを表すので，任意のメンバーや部分のいずれについても述部で述べられている恒常的な性質や状態が成立するからです。

(4) a. *A dog* is docile.
　　b. *Dogs* are docile.

　　　　c．*Water* is fluid.

　総称の意味を表すのに，(5a)のように，単数形に定冠詞を付けて表すこともできます。この場合，名詞のdogは個体ではなくクラスあるいは種類のことを表していると見ることができます。「犬という種類は」という意味になりますから，総称の解釈が成り立ちます。一方(5b)のように，複数形に定冠詞を付けた場合には，特定の複数メンバーだけに限定することになるので，総称を表すことにはなりません。

（5）a．*The dog* is docile.
　　　b．*The dogs* are docile.

　以上のように，定冠詞は，それが付いた名詞が同定可能という意味で，既知情報であることを表します。不定冠詞でも総称を表す場合には既知情報となります。

2.3　主語の種類

◎文主語構文

　主語になるのは，たいがいの場合，名詞，またはそれを中心にしてできるまとまり，すなわち名詞句です。名詞句の構成については第5章で詳しく見ますが，上で見た冠詞と名詞の組み合わせ（a dog），それに形容詞が加わったもの（a big dog）などが，名詞句の例です。代名詞や固有名詞は，それだけで名詞句となります。

　名詞句以外で主語となるのは，節（文）です。定形の平叙文(6a)，WH疑問文(6b)，yes-no疑問文(6c)，非定形の不定詞節(6d)，動名詞節(6e)が，主語として現れます。主語が文から成って

いるので「文主語構文」と呼ぶことがあります。

(6) a. *That a big earthquake might happen* just never crossed their mind.（大地震が起こるかもしれぬなどとは，彼らに思いもよらなかった）

b. *When they leave the town* has not been decided.（いつ彼らが町を発つかは決められていない）

c. *Whether the film would be popular* is not sure.（その映画がヒットするかは分からない）

d. *For Jack to win the prize* is almost certain.（ジャックが受賞することはほぼ確実だ）

e. *Crying over spilt milk* is no use.（こぼれたミルクを嘆いても無駄だ）

◎外置構文

　上で，主語になるのは既知情報であり，既知情報は「短い」要素であると述べました。節は「長い」要素なので，それが主語の位置に現れると「頭でっかち尻つぼみ」で，文体的にあまり安定していません。そこで，節の代わりに「虚辞」の it（いわゆる仮主語の it）を主語の所に置いて，節を文末に移動することがあります。文頭に短い it が現れ，文末に長い節が生じるので，頭が小さく後方が大きな安定した形になります。この構文は，節が外側（文末）へ置かれているので「外置構文」と言います。(6)のいずれの種類の文主語も，外置することができます。

(7) a. It just never crossed their mind *that a big earthquake might happen.*（大地震が起こるかもしれぬということが，彼らには思いつかなかった）

b．It has not been decided *when they leave the town.*
　　（いつ彼らが町を発つかが決まっていない）

c．It is not sure *whether the film would be popular.*
　　（その映画がヒットするかが不確かだ）

d．It is almost certain *for Jack to win the prize.*
　　（ジャックが受賞することがほぼ確実だ）

e．It is no use *crying over spilt milk.*
　　（こぼれたミルクを嘆いても無駄だ）

　（6）の文主語構文と（7）の外置構文は，完全に同義であるわけではありません。主語の位置に生じるのは一般的に既知情報なので，文主語構文でも，主語の位置を占めている文（節）の内容は，既に聞き手に分かっていると考えられる情報です。例えば(6a)ならば，大地震が発生するかもしれないということは既に話題として挙がっており，そのことに関して，彼らには思いもよらなかったことだと述べているのです。一方，外置構文では，文末に現れている文（節）の内容は初めて会話の話題に上った新情報です。旧情報の主語には日本語の助詞「は」が，新情報の主語には「が」がほぼ対応します。品詞が何であろうと，一般的に，文頭近くに現れる要素は既知情報，文末近くに現れる要素は新情報と言えます。文の組み立ては，情報の種類でいうと，「既知（旧）から新へ」の順で配列されていると言うことができます。また，述部では主語について何かが述べられるのですが，その中でも重要な情報ほど文末に近い位置を占めます。したがって，文の組み立ては，「重要度の低いものから高いものへ」と流れて行くと言うこともできます。さらに要素の大小を重軽という言い方に換えれば，文の組み立ては「軽から重へ」と展開していきます。情報の新旧，要素の重軽，重要度の高低

は，お互いに関係していることは言うまでもありません。

2.4　主語は動作の主体

　主語には，人間を表す名詞句が来ることが多いです。それは，動詞には意図的な行為を表すものが多く，主語はその行為の主体を表すからです。主語の「主」は，主体の「主」でもあるわけです。

　他動詞の多くと，自動詞の中でも運動を表す動詞（run, walk, swim, dance, jump など），発話の様態を表す動詞（chatter, cry, moan〈うめく〉, scream, shout, talk など），非言語表現を表す動詞（cough〈せきをする〉, laugh, smile, sneeze〈くしゃみをする〉, sob〈むせび泣く〉など）などが，意図的な行為を表す動詞です。意図的行為の主体は人間ですから，主語は人間を表す名詞句になります。

　また動詞には，「思考動詞」（think, believe, know など），「知覚動詞」（see, hear, feel など），「嗜好動詞」（like, hate, love など）など，心的経験や状態を表すものも数多くあります。これらの経験を行う主体も人間ですから，やはり主語には人間を表す名詞句が来るわけです。

　さらに動詞には，非意図的な動作を表すものもあります。モノの出現（occur, happen, arrive, appear など）や存在（exist, stay, remain, float など），モノの状態変化（freeze, melt, break, open など），モノの在り処（contain, have, surround など）などを表す動詞が，それに当たります。これらの動詞の主語は，モノや場所を表す名詞句です。人の名詞句が現れても，モノと

見なされます。

　英語には,「無生物主語構文」と呼ばれる構文があります。無生物主語構文の主語は,すぐ上で見た非意図的行為を表す動詞の場合とは異なり,主語として,単にモノを表す主語が生じるのではなく,次例のように,動詞から派生した名詞(派生名詞)が中心となった名詞句が現れます。こうした主語は,派生名詞の元になっている動詞を用いて表現される「出来事」を表しています。例えば(8 a)の his rude behavior という主語の名詞句は He behaved rudely. という出来事を表しています。その出来事が原因となり,述部で述べられているような別の出来事が結果として生じています。主語と述部が,「原因と結果」の関係になっているわけです。

(8) a. *His rude behavior* made Betty disappointed.
　　　　(彼の失礼な振舞(=彼が失礼に振舞ったこと)がベティを失望させた)
　　 b. *The sight of the flight accident* prevented her from going abroad.
　　　　(飛行機事故の光景(=飛行機事故を見たこと)が彼女に外国行きを思い留まらせた)
　　 c. *Half an hour's walk* brought me to the station.
　　　　(半時間の歩行(=半時間歩いたこと)で駅に着いた)

　次の例文には,同じ無生物主語構文でも,主語として(8)のような動詞から派生した名詞が含まれていません。

(9) a. *The medicine* will make Jack feel better.
　　 b. *The road* takes you to the border of the country.
　　 c. *The book* gives you an idea of what is outer space.
　　 d. *The accident* left me restless for a week.

(9)の文では，名詞が表すモノそのものの存在や出現について述べられているのではありません。名詞と密接に（典型的に）関係している動作や行為のことを，名詞だけで表現しています。(9a)ならば「薬を飲むこと」，(9b)ならば「この道を歩いていくこと」，(9c)ならば「この本を読むこと」，(9d)ならば「事故を知ること」であり，ここでもこうした出来事が，述部で述べられている結果に対する原因となっています。

「心理述語」と呼ばれている他動詞（amuse, surprise, interest, please, disappoint, annoy など）も，主語として出来事を表す無生物主語を取ります。人を表す名詞句が主語として現れている場合も，その人に関する出来事を表しています。(10b)の主語 Jack は，ジャックの成功，行動，発言，親切な振舞などのことを表しています。心理述語の主語も原因の働きをしています。

(10) a． *Jack's success* pleased his family.
　　 b． *Jack* pleased his family.

他動詞の無生物主語と述部は，原因と結果の関係になっている場合が多いと言えます。

2.5 主題ではない主語を持つ文

主語の基本的な働きは主題を提供することですが，主語が主題ではないような場合があります。2.3で見た外置構文もその1つです。外置構文は，特定の内容の it について述べているわけではありません。このような it が虚辞（特別な意味を持っておらず，ただ形式を整えるための要素）と呼ばれる所以です。

虚辞には，そのほかに，「存在構文（There 構文）」の there があります。存在構文が存在を表すのは，there に存在の意味があるからではなく，be 動詞や exist など，there に続く動詞が存在を表すからです。存在構文には，happen や occur のように出現を表す動詞も生じますが，その場合には存在ではなく，出現を表すことになります。

(11) a．*There* is plenty of soup in the saucepan.
　　　　（たっぷりのスープがスープ皿にある）
　　　b．*There* might happen a big earthquake.
　　　　（大地震が発生するかもしれない）
　　　c．*There* occurred a riot in the central part of the city.
　　　　（暴動が町の中心部で起こった）

存在構文も，主語としての虚辞 there がありますが，その主語は主題にはなっていません。なお動詞の後ろに現れる名詞句を「意味上の主語」と呼び，文法上の主語（すなわち there）と区別することがあります。存在構文では，動詞の数・人称が，意味上の主語の名詞句に基づいて決まるからです（例えば，There are many books in the library.）。

　場所や方向を表す前置詞句が文頭に現れ，その後ろに存在や出現などを表す自動詞が続き，最後に意味上の主語が現れるような構文があります。場所などを表す前置詞句と主語が，動詞をはさんで倒置しているので，「場所句倒置」と呼びます。

(12) a．*On the bench* sat an engaged couple.
　　　　（ベンチには婚約したカップルが座っていた）
　　　b．*Into the office* came a few students.
　　　　（研究室には数人の学生が入ってきた）

場所句倒置に現れる動詞は，上で見た，モノの存在や，出現，状態変化など非意図的な動作・状態を表す自動詞にほぼ限られます。この構文では，文頭の場所句によって出来事の起こる場所が設定され，その設定された場所に主語によって表されるモノが導入されます。設定された舞台に役者がゆっくりと登場してくる感じです。意味上の主語が文頭ではなく文末に生じるのは，この構文の主語が新情報を担っており，文頭の位置を避けるためです。

◇この章のポイント
・主語は文の主題，動作の主体を表す。
・主語は既知情報，短い要素。

The mother kangaroo
will feed new leaves to her baby
affectionately
while he is looking out
from her pouch.

第3章 助動詞

第3章 助動詞

カンガルーの頭と胴体をつないでいるのが「首」です。これに相当するのが，主語と述部をつないでいる「助動詞」です。「首を縦に振る」「首を横に振る」など，意思表示に関する表現に「首」が使われることがありますが，助動詞にもある事柄に対して「〜するだろう」と判断したり，積極的に「〜したい」と意志を表明したりする機能があります。助動詞にはさらに，動作や行為の時間的な局面を明らかにするなどといった精巧な働きもあります。助動詞の種類と用法を確認しましょう。

3.1　3種類の助動詞

　述部の始まりを合図するのが助動詞です。述部は助動詞から始まる場合が多いです。助動詞は，主語と動詞句の間にあって，両者の組み合わせによって表される内容の時間や可能性などについて，「味を調える」働きをします。

　助動詞と呼ばれる語にいくつかあることを，漠然と覚えていることと思います。そこで，まず助動詞を整理しておきましょう。助動詞は，3つのグループに分けられます。

　(A) 法助動詞：may, can, shall, will, must, …
　(B) 相などの助動詞 (have / be)：完了の have, 進行の be, 受動の be
　(C) 迂言助動詞：do (does), did

　「法」とか「相」「迂言」など聞き慣れない用語が出てきました。(A)の「法」は法性 (modality) のことで，法性とは，事実や実現化に対する話し手の可能性の判断や要請の度合いのことを言います。(B)の「相」というのは，動詞によって表される行為や動作の時間的局面——例えば，「夕食を食べる」という動作であれば，それが開始する局面，進行している局面，継続している局面，終了した局面などといった，時間の流れの中での動作や状態の局面——のことを言います。完了形は行為や動作が完了しているとか，ある期間に亘って継続しているなどといった相を表し，進行形は行為や動作が進行中であるという相を表すので，それらに用いられる助動詞の have や be を，相の助動詞と称します。受動態は，正確には相ではありませんが，受動の be も完了の have や進行の be と文法上

の振る舞いが似ているので，(B)に入れておきます。(C)の「迂言」というのは「遠まわしの」ということです。古い英語では，否定形は動詞に直接否定要素（現代英語の not）を並べ，また疑問文は動詞を直接主語の手前に倒置するだけでしたが，近代英語になって(C)の助動詞を用いて否定文や疑問文を作るようになりました。昔の英語に比べて「遠まわしの」否定文や疑問文の作り方なので，迂言の do と言います。

(A)，(C)に属する助動詞は，同じグループ内の他の助動詞と共起できません。(A)と(C)，(B)と(C)の助動詞も一緒に現れることができません。

(1) a. *Jack *may can* see the picture.　　　(A+A)
　　b. *Betty *does* not *did* see the picture.　(C+C)
　　c. *Jack *can does* not swim.　　　　　(A+C)
　　　 *Jack *does* not *can* swim.　　　　(C+A)
　　d. *Betty *has does* not swim.　　　　 (B+C)
　　　 *Betty *does* not *has* swum.　　　 (C+B)

しかし，(A)と(B)の助動詞は共起できます。(A)の方が(B)のいずれの助動詞よりも手前に生じます。また(B)の助動詞は相互に共起でき，手前から完了＞進行＞受動の順番になります。進行形や受動形の be は，完了の後に続けば過去分詞の been に，進行の後に続けば現在分詞の being になります。このような形になるのは，動詞であれ助動詞であれ，法助動詞の後ろならば原形になり，完了形の have の後ろならば過去分詞形になり，進行形の is の後ろならば現在分詞形になるという具合に，前の助動詞がその次にくる助動詞または動詞の形を決めるからです。

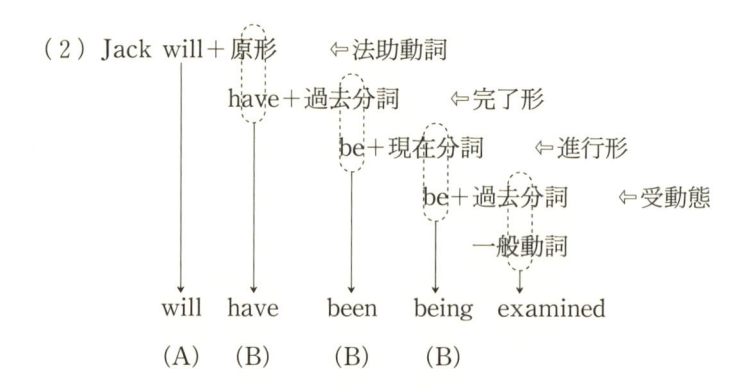

```
(2) Jack will ＋ 原形      ⇐ 法助動詞
          have ＋ 過去分詞    ⇐ 完了形
               be ＋ 現在分詞    ⇐ 進行形
                    be ＋ 過去分詞    ⇐ 受動態
                         一般動詞

          will   have   been   being   examined
          (A)    (B)    (B)    (B)
```

3.2　法助動詞

　法助動詞（modal auxiliary）は，上で見た法性――すなわち，事実や実現化に対する話し手の可能性の判断や要請の度合い――を表すのに用いられる助動詞のことです。

　Betty lives here.（ベティがここに住んでいる）という現在形は，現在の事実のことを述べていますが，法助動詞の must が加わると（Betty must live here.），「住むことになるにちがいない」という可能性に関する話し手の強い判断を述べたり，「住まねばならない」という話し手の相手に対する強い要望（＝義務）を述べたりすることになります。

　法助動詞には，must の例からも分かるように，基本的に 2 つの用法があります。1 つは，「ちがいない」「かもしれない」のような，話し手の可能性判断に関する強さの度合いを表す「判断用法」，もう 1 つは，義務や許可のような，話し手の相手に対する要求の強さの度合いを表す「要求用法」です（「判断用法」「要求用法」のこ

表1

度合い＼用法	can/could	may/might	shall/should	will/would	must
判断用法（確信の度合い）	～ありうる	～かもしれない	おそらく～だろう	きっと～だろう	～に違いない
要求用法（要求の度合い）	～することが認められる	～してもよい	～させよう	ぜひ～してもらいたい	～せねばならない
特性用法（意図の度合い）	～できる		～するつもりだ	～したい	～しないではいられない

弱い ←———————→ 強い

とを，専門的にそれぞれ「認識用法」「根源用法」と呼ぶことがあります）。法助動詞で面白い点は，同じ法助動詞の判断用法における強さの度合いと要求用法における強さの度合いが一致していることです。must は両用法とも強い度合いを表しているのに対して，may は両用法とも弱い度合いを表しています。

多くの法助動詞には，さらに，主語の能力や，意図，性質などの特性を表す「特性用法」とでも呼ぶべき第3の用法があります。特性用法では，主語の意図に強弱の区別が見られます。主な法助動詞の3用法をまとめると，表1のようになります。判断用法と要求用法は話し手の視点，特性用法は主語の観点に関するものです。

can/could と may/might はともに許可を表しますが，表1の度合いに基づく配列から明らかなように，後者の方が話者の許可の意

味合いが強いです。can/couldの方は，話者の許可というよりも，客観的な認可の感じに近いと言えます。

　表1の多くの助動詞が，canとcouldのように，いわゆる現在形と過去形が対になっています。過去形は，現在形が表す意味の過去に対応することもありますが，時とは関係なしに，（ⅰ）丁寧な表現として，また（ⅱ）仮定法過去および過去完了（→第8章）などで反事実や低い可能性を表す場合などに用いられます。

　表1の左から右の順に，それぞれの助動詞の各用法の例を見ておきましょう。（a）の例文が各助動詞の判断用法，（b）の例文が要求用法，（c）の例文が特性用法です。

(3) a. Even careful drivers *can* make mistakes.
(注意深い運転手でも間違いを犯すことがありうる)
What he said *cannot* be true.
(彼が言ったことは本当であるはずがない)

b. You *can* go there for yourself if you like.
(望むならばあなたがそこへ行ってもいい——許可)
She *can't* drive the car because she hasn't got any insurance on it.
(彼女はその車に保険をかけていないので，その車を運転することは認められない——不許可)

c. I *can* only type very slowly as I am quite a beginner. (全くの初心者なので，ゆっくりしかタイプが打てません)
A leopard *can* climb a tree, but a tiger can't.
(豹は木に登れるが，虎はできない)

(4) a. Your claim *may* be right or *may* be wrong.

(君の主張は正しいかもしれないし，間違っているかもしれない)

  b．If you want to call a doctor, you *may* do so.
(医者を呼びたければ，そうしてもよい——許可)
You *may not* use a mobile phone during classes.
(授業中はケータイを使用してはいけない——不許可)

(5) a．I *shall* probably take the flight of 10:00.
(恐らく10時の飛行機に乗るだろう)

  b．He *shall* have his share. (彼に分け前を与えよう——3人称に対する話者の意図)
You *shan't* escape being punished for this.
(処罰を見逃すわけには行かない——2人称に対する話者の意図)

  c．I *shall* get to Los Angels as soon as I can.
(できるかぎり早くロサンジェルスに行くつもりだ)

(6) a．Plans for the reform of the national universities *will* be announced next week by a government official. (国立大学改革の諸計画がきっと来週政府高官から発表されるだろう——予定)
He *will* understand my intention right now.
(彼ならばきっと私の意図をすぐ理解することであろう——推測)

  b．You *will* listen to me and stop interrupting.
(私の言うことに耳を傾けて，邪魔しないでもらいたい——2人称に対する話者の要望)

c. I *will* marry you.（あなたと結婚したい）

He *will* do everything, although he has a secretary.
（彼には秘書がいるが，なんでも自分でやろうとしたがる——主語の意志）

(7) a. His forehead was hot and clammy. He *must* have a temperature.（彼のおでこは熱くて汗ばんでいた。熱があるに違いない）

b. You *must* come home by nine o'clock.
（9時までには帰宅していなければならない——2人称に対する話者の強い要請＝義務）

You *must not* believe such a rumor.
（そんな噂を信じてはいけない——禁止）

c. I *must* confess that I misunderstood him.
（彼を誤解していたと認めねばならない——主語の強い意図）

When visiting Durham, one *must* see the Castle.
（ダラムを訪ねたら城を見ないわけにはいかない）

3.3　時制

　第2章で触れたように，定形節では「時制（tense）」の変化が見られます。時制は，肯定の平叙文では動詞に，否定文や疑問文では迂言助動詞に，それぞれ現れ（つまり，形式の変化が見られ）ます。迂言助動詞の do, does, did は，したがって，否定文や疑問文における時制の助動詞と見ることができます。

(8) 　　　　　　　　現在時制 / 過去時制
　　肯定の平叙文　Betty *kicks* / *kicked* the ball.
　　否定文　　　　Betty *does* / *did* not kick the ball.
　　疑問文　　　　*Does* / *Did* Betty kick the ball?

時制は動詞または助動詞の文法形式上の区分で，英語の時制には現在時制と過去時制の2つしかありません。未来時制はありません。時制とよく似ているのに，「時 (time)」という概念があります。時は意味上の区分で，過去・現在・未来の3つに区分されます。

現在時制は主に現在という時を表す形式であり，過去時制は主に過去という時を表す形式です。しかし，現在時制は現在以外に，過去および未来の時を表すのにも使われますし，過去時制も過去以外に，現在および未来の時を表すのにも用いられます。

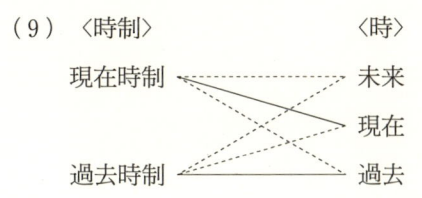

(9) 　〈時制〉　　　　　　　〈時〉
　　現在時制 ------------- 未来
　　　　　　　　＼／　　　 現在
　　　　　　　　／＼
　　過去時制 ------------- 過去

◎現在時制

現在時制は，普遍的な事実，現在の習慣，出来事，状態を表すのが最も一般的です。

(10) a． The sun *sets* in the west.

　　　　　Time *flies* like an arrow.

　　　b． Jack *gets* up at 6 o'clock every morning.

　　　　　I *buy* every commodity at this supermarket.

　　　　　（日用品は何でもこのスーパーマーケットで買う）

  c．Betty now *goes* to bed.

   Jack *gets* the ball from Jim and *kicks* it into the goal.

  d．He *believes* that Mt. Fuji is higher than Mt. Everest.

   We still *need* financial and moral support from many people.（われわれは依然として多くの人々から経済的，精神的支援を必要としている）

過去に生じた出来事について，それを歴史上の事実として，あるいは現在起こっているかのように活写する場合には現在時制が用いられます。(11 c)は実際の作品から引用したものですが，前半が過去形になっていることからも分かるように，過去の出来事について述べているのですが，その当時の感情を生きいきと描こうとして途中から現在形が用いられています。

 (11) a．It is said that Napoleon *does not sleep* more than 3 hours.（ナポレオンは3時間以上寝ないと言われている）

   b．The early morning news *says* that the typhoon is approaching to the islands.（早朝のニュースでは台風が接近していると言っている）

   c．The funeral was weird. I saw all my relatives and friends walk toward the casket. They looked at me with the saddest eyes I've ever seen. Please—somebody—wake me up! Get me out of here. I *can't bear* to see Mom and Dad in such pain. My grandparents *are* so weak from grief they can barely walk.（葬儀は悲惨だった。親戚や友人一同が棺の方に歩み寄った。皆この上ない悲しそうな目つきで私を見た。どうか，誰か，夢から覚まさせて。ここから救い出して。お母さんやお父さんのこんな悲痛な姿を見ていられない。祖父母は悲しみで打ちひしがれ歩くこともできない）

また未来のことでも，それが確実に予定される場合には，現在時制が用いられます。

(12) a．The ceremony *starts* at ten o'clock tomorrow.
（式は明日10時に始まる）
b．Jack *takes* a leave of absence next school year.
（ジャックは来年度，有給休暇を取ることになっている）

時の副詞節 (before..., after..., as soon as..., once..., when..., …) が未来のことを表す場合にも，主節が現在時制の時には，単純な現在時制になります。主節および副詞節の意味から未来のことを表しているのが明白だからです。

(13) a．We need to arrive there before it *becomes* dark.
（暗くなる前に到着する必要がある）
b．I will visit MIT when I *am* in Boston.
（ボストンにいる間にMITを訪問したい）

◎過去時制

過去時制は，過去の事実，習慣，出来事，状態を表すのが最も一般的です。過去の特定の時や時期が想定されています。(14)の例ではいずれも，そうした時や時期を表す副詞表現（→第7章）が含ま

れています。

(14) a．Once this park *was* a sightseeing spot.
（かつてこの公園は観光名所だった）

b．I *visited* Museum of Fine Arts, Boston every Sunday when I was in Boston.（ボストンにいた頃は日曜ごとにボストン美術館に通っていた）

c．I *fell* in love with Betty as soon as I *met* her.
（ベティに会うなり，恋に落ちた）

d．For a long time, February *was* a hard month for me.（長い間，2月は私にとってつらい月であった）

現在の事実や出来事でも，それを丁寧に述べる時には過去時制が用いられます。

(15) a．I *wanted* to ask your opinions.
（ご意見をお聞きしたいのですが）

b．*Could* you spare me a few minutes?
（数分時間を割いていただけますか）

また将来行われることについて，すでに過去のある時点で決定済みである内容を述べる場合には，過去時制が用いられることがあります。

(16) a．Originally entries *closed* tomorrow, but they've decided to allow another week.（元来登録は明日締め切りだったが，もう1週間猶予することにした）

b．The guests *were* coming this weekend, but they have become unable to come as scheduled.
（客は今週末に来る予定であったが，予定通りには来れなくなった）

表2	過去	現在	未来
過去時制	**過去の出来事**	丁寧な表現	過去に決まった未来の予定
現在時制	歴史的現在	**現在の出来事**	確かな予定

このように，現在時制も過去時制も，過去・現在・未来の時にわたって用いられるわけです。

3.4 進行形

動作や行為がある時点で進行しているのを表すのに進行形（be動詞＋現在分詞）が用いられます。現在の時点で進行していれば現在進行形（be動詞が現在時制），過去の1時点で進行していれば過去進行形（be動詞が過去時制）になります。単純な現在形や過去形では時を現在または過去の1時点に止めているのに対して，現在進行形や過去進行形では時が流れています。

すべての動詞が進行形になれるわけではありません。次のような進行形は，通常，不自然です。

(17) a．*He *is believing* that the earth is round.
　　　　（地球が丸いというのを信じている最中だ）
　　 b．*The box *is containing* a lot of documents.
　　　　（この箱は沢山の書類を含んでいる最中だ）
　　 c．*The train *is arriving* at the platform.
　　　　（電車がプラットフォームに到着している最中だ）

　　　　　d．*The door *is shutting.*
　　　　　　（ドアが閉まっているところだ）
　進行形は，本章3.1で触れた，動作や行為の局面に関する「相」を表す1つの形式です。進行形（や完了形）などの形式とは別に，動詞自体がある種の相を表すことがあります。例えば，（イ）動詞の表す行為・動作に終わりがあるかないか，（ロ）その終わりが瞬間的に到来するかそれとも一定の時間を経て到来するか，ということも相の一種です。この種の相の分類が，進行形の可否，および次に見る完了形の意味・用法と深く関わりを持っています。そこで，（イ）（ロ）の基準にしたがって，動詞の分類を見ておくことにしましょう。

◎達成動詞

　動詞（句）の中には，それが表す動作や行為が，瞬間的に終了し，達成されるものがあります。arrive (at a station)（(駅に)到着する），arrest (a criminal)（(犯人を)逮捕する），cross (a border)（(国境を)越える），find (a key)，reach (the summit)（(頂上に)到達する），throw (a ball) などの動詞（句）は，そうした例です。例えば cross a border の「国境を越える」という行為は瞬間的に達成されます。こうした動詞を「達成動詞（achievement verb）」と呼びます。break（壊れる），freeze（凍る），melt（溶ける），open（開く），shut（閉じる）などのように，ある瞬間を契機に事物がそれまでとは違った状態に変化することを表す動詞も達成動詞です。

◎到達動詞

　　　ask a question（質問を尋ねる），carry a mail to him（彼の所に手紙を運ぶ），lead us to the house（われわれを家に連れて行く），read a book, write a letter のような動詞（動詞句）は，達成動詞とは異なり，一定の時間を経て終りに到達するような動作を表しています。例えば read a book の「1冊の本を読む」という行為は瞬間的には終わらず，ある長さの時間を要しますが，読み進めば必ず終わりにたどり着きます。こうした動詞を「到達動詞（accomplishment verb）」と呼んでいます。

◎行為動詞

　　　達成動詞と到達動詞が表す動作・行為には終結がありますが，chase（追跡する），dance（踊る），play the piano（ピアノを演奏する），listen, look, run, shop（買い物する），shout（叫ぶ）などの動詞が表す行為や動作は，終結がなく，ずうっと続けようとすれば続けることができます。もちろん，行為者の意図によってその行為を終わらすこともできます。こうした動詞を「行為動詞（activity verb）」と言います。

◎状態動詞

　　　believe（信じている），belong to（属している），contain（含んでいる），have, know, like, own（所有している），resemble（似ている），surround（囲んでいる）なども，行為動詞と同じように終わりが設けられていませんが，動作でなく状態を表しています。こうした状態は主語の意志で終わらすことができません。このような動詞を，「状態動詞（state verb）」と言います。

feel（感じられる，感じがする），hear（聞こえる），see（見える），smell（臭う，臭いがする），taste（味がする）などのような受動的な知覚を表す動詞も，主語の意図により終わらせられるわけではないので，状態動詞の一種と見ることができます。

状態動詞の中には，live, stay, wait, stand, sit のように，主語の意志に基づいてその状態を終わらせられる一時的状態を表すものもあります。

◎動詞の再分類

こうした相の分類は動詞を単独で取り上げた場合の分類です。動詞は実際には目的語や主語と一緒に現れるので，それらの要素によっても影響を受けます。例えば read a book や read the books のように目的語が単数形か定の複数形（特定の複数のもの）ならば終わりがあるので到達動詞ですが，read books のように不定の複数形（不特定の複数のもの）であれば終わりがないから行為動詞として分類されます。主語が A guest arrives. のように単数形ならば，到着という行為が一瞬にして終結しますから達成動詞ですが，Guests arrive. のように不定の複数形になれば，終結が設けられていませんから行為動詞です。throw a ball も一回の動作と見れば達成動詞ですが，反復動作と見ればいつまでも継続しますから行為動詞です。play the piano は楽器を弾く行為を表しており行為動詞ですが，play Chopin's piano concerto（ショパンのピアノコンツェルトを弾く）のように特定の曲目を弾くのであれば曲の終わりがありますから到達動詞です。

動作の終結を黒丸●，動作の継続を実線――で表すと，それぞれの動詞グループの動作を次のように描くことができます。状態の継

続は ══ で表してあります。

(18)　達成動詞　　　　●

　　　到達動詞　　　──●

　　　行為動詞　　　─────

　　　状態動詞　　　═════

◎進行形の働き

　　進行形の基本的な働きは，動作や状態が一時的に継続し進行していることを表すことです。したがって，(18)の図で実線により示されているような動作の継続を表す到達動詞や行為動詞が，進行形によく生じます。

(19)　a．Jack *is writing* a letter to Betty.〈到達動詞〉

　　　b．Betty *is playing* the piano.　　〈行為動詞〉

　　　c．His watch *is working* perfectly.〈行為動詞〉

これらの進行形を単純な現在形と比較してみると，進行形の意味が明確になります。

(20)　a．Jack *writes* a letter to Betty (every weekend).

　　　b．Betty *plays* the piano.

　　　c．His watch *works* perfectly.

　　(20 a)の現在形ではジャックの習慣を表しています。(20 b)ではベティの特技や習慣のような永続性のある行為を表しています。(20 c)でも時計の永続的な性能を表しています。目前で進行している行為・動作を表しているとは限りません。一方(19)の進行形は一時的な幅のある，しかも現に進行している行為・動作を表しています。(19 a)ならば，現在手紙を書いているが，その前後のことについては何も触れられていません。(19 b)ならば，今はピアノを弾い

ているがいつも弾くとは限りません。(19c)でも，今は時計が狂わずに動いているけれども，今後もそうであろうとは述べていません。

　行為動詞自体は終わりのない行為を表しますが，その行為を行為者の意志に基づいて終わらせることができます。したがって行為の継続を一定期間で終わらせることができます。それに対して状態動詞の場合は，継続的な状態を人間の意志に基づいて中止させることは困難です。そのため状態動詞は一時的継続を表す進行形には馴染みません。

(21) a．*He *is believing* that the earth is round.
　　 b．*The box *is containing* a lot of documents.
　　 c．*Jack *is resembling* his father.
　　　（ジャックは父親に似ているようになってきている）

　受動的な知覚を表す動詞も一種の状態動詞と見なせるので，進行形に現れることができません。

(22) a．*I *am hearing* strange noise from the outside.
　　　（外から変な音が聞こえてきている）
　　 b．*His breath *is smelling* of garlic.
　　　（彼の息はにんにくの臭いがしてきている）

　同じ状態動詞でも短期間の状態を表すものであれば，進行形になります。

(23) a．Jack *is waiting* for the result of the examination.
　　 b．They *are sitting* on the bench.

　達成動詞は，瞬間的に終了する動作であり，継続性がありませんから，一般的に進行形になりません。

(24) a．*The train *is arriving*.
　　 b．*The door *is shutting*.

　ところが，(21)や(24)の文でも，少し違った解釈であるならば文法的な文と見なせます。(21 a)のbelieveが，「信じている」という状態を表すのではなく，「信じるようになる」という一定の時間を経て終結に到る行為の意味であれば，状態動詞ではなく到達動詞ということになるので，進行形が可能です。(21 c)のresemblingもmore and moreのような修飾語がつくと，一定した状態ではなく継続的な動作を表す到達動詞となりますので，進行形が可能になります（Jack *is resembling* his father more and more.）。また(24 a)のarriveという動詞も，電車の動きが完全に停止するという瞬間的な動作ではなく，ゆっくり時間をかけて駅に入っていくとか，接近していくというような継続的な動作を表すのであれば，到達動詞となるので，進行形が可能です（The train *is* slowly *arriving*.）。また主語が複数形になれば，複数の電車が順次到着するのに時間がかかり継続的になるので，進行形が可能です（The trains *are arriving*.）。(24 b)のshutも，「ドアが閉まる」という瞬間的動作が1回だけ行われるのではなく，反復的に行われるという解釈であれば，進行形に特有な継続性が含まれるので，文法的です（The door *is* repeatedly *shutting*.）。

　進行形に未来を表す時の副詞句が付いた場合は，動詞が表す動作の進行というよりも，その動作が将来実現するように準備が着々と進行しているという意味になり，そのために近い未来を表すことになります。例えば(25 a)ならば，「出発する」という動作が現在進行しているのではなく，「明日出発する」という行為が実現の方向に向けて進行していることを表します。このように進行形によって

近い未来を表す場合には，状態動詞でも達成動詞でも進行形になることができます。

(25) a. Betty *is leaving* tomorrow.
　　　（ベティは明日出発する予定だ）
　　b. We *are having* the exam next week.
　　　（来週試験がある予定だ）
　　c. The train *is arriving* this afternoon.
　　　（列車は午後に到着予定だ）

3.5　完了形

◎完了形の働き

　現在完了形（have＋過去分詞）の基本的な働きは，過去に行われたり，過去に開始した動作・行為・状態などを，現在との関係で捉えようとするものです。現在完了形には「継続」「完了」「結果」「経験」の用法があると言われますが，これらの用法は，過去を現在に関係付けるという現在完了形の基本的な働きと，動詞の表す相——40頁の(イ)と(ロ)——の意味との関係から生じてくるものです。

◎継続用法

　行為動詞や状態動詞は，終わりの設けられていない行為・動作や状態を表すことを見ました。これらの動詞が現在完了形で現れると，過去に端を発した継続的な行為や状態が現在に関係付けられるのですから，行為や状態が現在まで継続していることを表すことに

なります。話者は現在完了形を用いることによって，(26)に示したように，現在を基点にして，過去から現在まで続いている動作や状態（破線の波括弧の部分）に注目しています。これが，現在完了形の「継続用法」（行為や状態の継続）です。

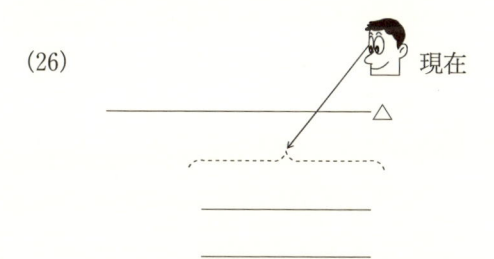

(26)　　　　　　　　　　　　　　現在

したがって継続用法では，終わりが設けられていない行為動詞や状態動詞は生じることができますが，ある時点で完結することを表す達成動詞や到達動詞は生じることができません。継続を表す特有な表現として「以来ずっと」という意味の副詞句 ever since がありますが，この副詞句と各種動詞との共起可能性に注目しましょう。

(27)　a．I *have known* him ever since he was a student.
〈状態動詞〉

　　　b．Jack *has talked* non-stop ever since the meeting started.（ジャックは，会議が開始して以来ずっと留まることなく話し続けている）　〈行為動詞〉

　　　c．*Betty *has arrived* at the summit ever since she began to climb.（ベティは，登り始めて以来ずっと頂上にたどり着いた）　〈達成動詞〉

　　　d．*Jack *has read* the novel ever since the beginning of this month.（ジャックは，今月の始め以来ずっとこの小説を読んだ）　〈到達動詞〉

到達動詞は，達成動詞とは異なり，一定の時間を経て終結が到来することを表します。到達動詞が進行形になれば，進行形では動作・行為が進行中であることを表しますから，現時点では未だ終結に至っていないことになります。したがって到達動詞が進行形となって現在完了形に生じれば，すなわち現在完了進行形になれば，到達動詞の継続用法が可能です。(28)は，(27 d)の到達動詞が現在完了進行形になったものです。

(28) Jack *has been reading* the novel ever since the beginning of this month.（ジャックは今月の始め以来ずっとこの小説を読み続けている）　　　〈到達動詞〉

◎完了用法

　達成動詞や到達動詞は，終わりのある動作・行為を表します。現在完了形では過去が現在に関係付けられるわけですから，これらの動詞が現在完了形に現れると，過去に終了した動作・行為の影響が何らかの形で現在にも及んでいることになります。例えば，終了してまだ時間が浅いとか，過去の行為が現在に重要な結果をもたらしたとか，1回だけで終わらず現在でも（または今後にも）同じような行為が生じる可能性があるなどといった意味合いが含まれます。話者は現在完了形を用いることによって，(29)に示したように，過去に終了している動作の現在との関係（破線の波括弧の部分）に注目しています。これが，現在完了形の「完了用法」（行為・動作の完了）です。

(29)　　　　　　　　　　現在

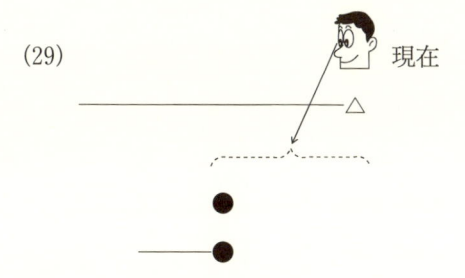

達成動詞や到達動詞は完了用法になりますが，終わりが設けられていない行為動詞や状態動詞はなりません。完了を表す特有な表現として just, already, yet などの副詞がありますが，これらの表現と各種動詞との共起可能性に注目して下さい。

(30)　a．They *have* just *crossed* the border.　〈達成動詞〉
　　　b．The student *has* just *read* the book.　〈到達動詞〉
　　　c．*Jack *has* just *swum* in the Mississippi.
　　　　　　　　　　　　　　　　　　　　　　〈行為動詞〉
　　　d．*Betty *has* just *known* the answer.　〈状態動詞〉

(30 c) の swim のように，動詞自体は行為動詞であっても，それが終わりを設定するような表現と一緒に現れると到達動詞になるので，完了用法が可能になります。例えば，to the other side of the river（川の向こう岸まで）とか，across the channel（海峡を横切って）などの語句と一緒に現れれば行為が有限になるので，Jack *has* just *swum* to the other side of the river.（ジャックはちょうど向こう岸まで泳いで行ったところだ）のような現在完了形は完了用法として可能になります。

◎結果用法

達成動詞によって表される「達成された行為の結果」や「状態の

変化」が，その状態で現在に至るまで存続していることを表現するのが，現在完了形の結果用法（現時点での結果）です。同様のことが，到達動詞によって表される「到達された行為の結果」の存続についても言えます。(31)にみるように，話者は，過去に達成・到達された結果や状態変化の現在に至るまでの状態（破線の波括弧の部分）に注目しています。

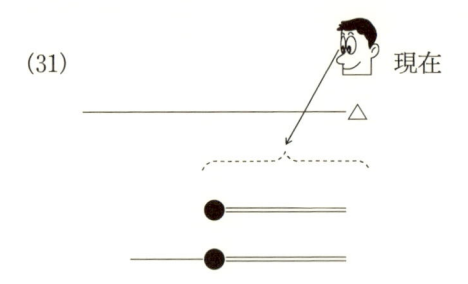

(31) 現在

完了用法では動作や行為の終了・完了に主眼が置かれているのに対して，結果用法ではその後の結果状態に重点が置かれていると言うことができます。結果用法にも完了用法に生じる already, yet などが生じる点でも，完了用法の一種と見なすこともできます。

(32) a. The water *has* already *frozen*. 〈達成動詞〉
　　　b. The plane *has* already *arisen* to the sky high.
　　　　（飛行機は既に空高く上がっている）　〈到達動詞〉
　　　c. *Jack *has* already *swum* in the Mississippi.
　　　　　　　　　　　　　　　　　　　　〈行為動詞〉
　　　d. *Betty *has* already *known* the answer.
　　　　　　　　　　　　　　　　　　　　〈状態動詞〉

◎経験用法

　　達成動詞，到達動詞，行為動詞が現在完了形に現れて，それらの

動詞の表す過去に終了している行為・動作を現在との関係で捉えるならば，現在そのような行為・動作を経験として持っているということになります。同様のことが状態動詞の表す過去の短期的状態についても言えます。過去の行為・動作・状態を現時点で経験として捉えているのが，現在完了形の「経験用法」（過去の経験）です。

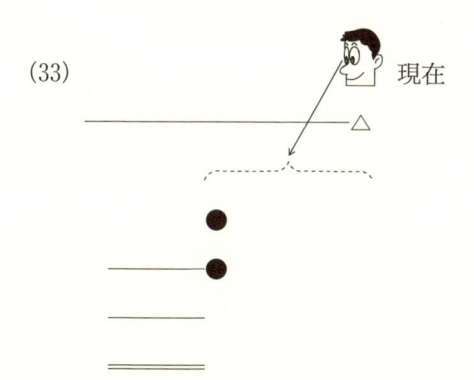

(33) 現在

達成動詞，到達動詞，行為動詞，短期的状態を表す状態動詞のいずれもが経験用法になります。しかし，自らの意図で状態を終了させることができない永続的な状態は，当然のことながら，過去に終了している経験にはなりません。つまり，永続的状態を表す状態動詞は現在完了形の経験用法にはなれません。経験を表す特有の副詞として，ever, once, often などが挙げられます。

(34) a. They *have* once *crossed* the border. 〈達成動詞〉
　　　b. The athlete *has* once *run* 100,000 meters a day.
　　　　（その選手はかつて1日100 km走ったことがある）
　　　　　　　　　　　　　　　　　　　　　　　〈到達動詞〉
　　　c. Jack *has* once *swum* in the Mississippi.
　　　　　　　　　　　　　　　　　　　　　　　〈行為動詞〉
　　　d. Betty *has* once *loved* Jack. 〈短期的状態動詞〉

　　　　　*Betty *has* once *known* Jack.　〈永続的状態動詞〉

　以上見てきた通り，現在完了形のいわゆる4用法は，動詞の表す相——(イ)終結があるか，(ロ)瞬間的か継続的か——と，現在完了形の基本的働き——過去を現在に関係付ける——との絡みから生じてきます。動詞の相に基づく分類と完了の4用法の関係をまとめると表3のようになります。

表3

用法＼動詞の種類	達成動詞	到達動詞	行為動詞	状態動詞
継続用法	×	×	○	○
完了用法	○	○	×	×
結果用法	○	○	×	×
経験用法	○	○	○	短期○／永続×

　動詞のグループを知ることによって，完了の用法を絞り込むことができます。

◎過去を表す副詞

　現在完了形には，(35)に例示したような（過去の）特定の時点を表す副詞が生じません。

(35) at 10 o'clock, yesterday, last week, on Wednesday, two years ago, when 節, …

(36) a．*They have crossed the border *at 10 o'clock*.
　　　b．*The athlete has run 100,000 meters a day *last week*.
　　　c．*Jack has swum in the Mississippi *two years ago*.

d．*Betty has loved Jack *when she was in Boston.*

これも，現在完了形の基本的な働きに原因を求めることができます。(35)のような時の副詞は動作や状態が生じた1時点を表します。一方，現在完了形は過去に端を発する出来事を現在とのつながりで捉えようとします。(35)の副詞が過去の点((37)の黒丸)として表せるのに対して，完了形は過去から現在への時間的幅((37)の波括弧)を表すのですから，点と幅が馴染み合うわけがありません。

(37) 過去の時の副詞　　現在

　　　　　　　　　　　　　　　現在完了形

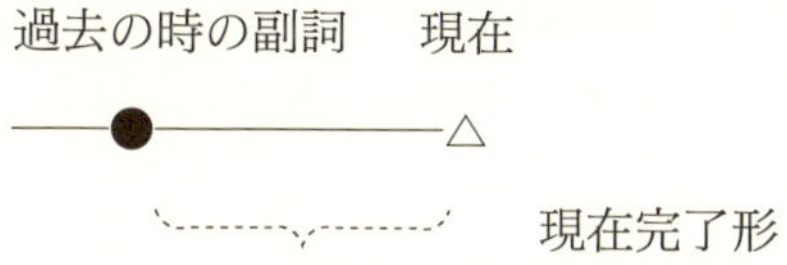

◎過去完了形

現在完了形では，過去の出来事と現在とのつながりが表されるのに対して，過去完了形（had＋過去分詞）では過去の1時点とそれ以前の出来事のつながりが表されます。(37)の図で，●がついている過去の時点とそれ以前に生じた出来事（「大過去」と呼ぶことにしましょう）との関係を捉えようとするものです。(37)の波線（△の位置から●の位置）が，(38)の●の位置（過去の一時点）から◎の位置（大過去の発生時）へと平行移動したのが，過去完了形です。

(38) 大過去　　　過去の時点　　　現在

　　　　過去完了形　　現在完了形

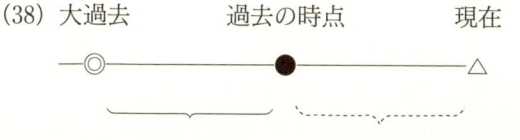

したがって過去完了形には，(35)に示したような時の副詞が，(38)の●の時点を表す表現として現れます。

過去完了形でも，現在完了形で見られた，継続，完了，結果，経

験の4つの用法が成り立ちます。

(39) a ． Betty *had* long *been* waiting for Jack impatiently when he came home last night.
（昨夜ジャックが帰宅した時，ベティは長い間イラ立って彼を待ち続けていた）

b ． It *had stopped* raining when he left there.
（彼がそこを発った時には既に雨が止んでいた）

c ． When I got home last night, the door *had been* broken. （昨晩帰宅した時ドアが壊されていた）

d ． Jack *had visited* Boston three times in 2000. （2000年時点では，それ以前に3回ボストンを訪ねていた）

過去完了形に現れている時の副詞は，上で見たように，出来事が生じた時点を表すのではなく，(38)の●の時点，すなわち，過去の出来事（大過去）をどの時点で捉えているか，あるいは過去の出来事（大過去）をどの時点と関係付けているかを表わしています。例えば(39a)では，Jackが昨晩帰宅した時点から見て，それより以前にBettyは長い間待ち続けていたということになります。

◇この章のポイント

・助動詞は述部の始まりを合図する。

・助動詞は，時間関係や話者の判断などを表す調味料。

The mother kangaroo
will **feed** new leaves to her baby
affectionately
while he is looking out
from her pouch.

第4章 動詞

第4章 動詞

「胴体」はカンガルーの中心部です。胴体の上に頭や首があり，さらにこの胴体から前足や後足が伸びています。この胴体は，文でいえば「動詞」に当たります。動詞によって，文の頭や，手，足などに相当する部分の種類や数，形などが決まってきます。胴体たる動詞は文の中心部です。

4.1 動詞と後続要素

　主語が決まると，述部でその主語に関する行為・動作・状態などが述べられます。述部の中心となるのが動詞です。動詞が決まると，その後にどのような要素が，いくつ現れるかが決まってきます。高校までで習った5文型でも，S-Vのところまでは共通していて，その後にどのような要素が現れるかに基づいて5つの文型に分かれていました。動詞はその後にどのような要素を配置するかを決める司令塔のような役割をしています。

　後続要素の種類や数を決めるのは，動詞の意味内容です。例えば「置く」という意味の動詞は，どの言語でも，置かれる物と置かれる場所を表す語句を求めます。それらの後続要素が，英語では，それぞれ名詞句と前置詞句として現れます。

　（1） put <u>the book</u> <u>on the desk</u>
　　　　　 名詞句　　前置詞句

　動詞が求める要素を「補部（complement）」と言います（→第6章）。動詞が求める要素を補う部分という意味です。動詞 put は名詞句と前置詞句を補部として必要とするわけです。

　補部の数は動詞ごとに異なりますが，0～2個程度です。補部になる要素の種類も動詞ごとに異なりますが，ほぼ名詞句，前置詞句，それに節に限定されています。

　これらの要素の大きさは，名詞句，前置詞句，節の順番で次第に大きくなっていきます。前置詞句は on the desk のようにその一部として名詞句 the desk を含んでおり，節はその一部として前置詞句を含むことができます。第2章で見たように，要素の大小を重軽

という言い方に言い換えるならば，動詞の後に補部が複数個生じる場合には，「軽いものから重いものへ」の原則に従って，(2)の順番で現れます。

　　　(2) 名詞句　＞　前置詞句　＞　節

　動詞がどのような補部をいくつ取るかに基づいて，動詞はより細かなグループ（下位範疇）に分けられます。これを「下位範疇化」と言います。お馴染みの，動詞が目的語を取るか否かに基づいて自動詞と他動詞に細分化されるのも，下位範疇化の一種です。目的語の名詞句も，補部の一種です。英文を組み立てる際には，動詞が決まったら，それが求める補部を補っていかなければなりません。逆に英文を解読する際には，動詞が出てきたら，その補部として続く要素の種類や数を予測して読み進めることが必要です。

4.2　交替動詞

　「提供する」という意味の動詞 provide は，提供される物（提供物）と提供物の受け手（受理者）を表す句を補部として求めます。これらの補部は，(3a)のように提供物―受理者の順で現れることも，逆に(3b)のように受理者―提供物の順で現れることもできます。いずれの場合も，先に現れる補部は名詞句，後に現れる補部は前置詞句となります。

　　　(3) a．She provides　the milk　　　for the baby.
　　　　　　　　　　　　　提供物(名詞句)　受理者(前置詞句)

　　　　　b．She provides　the baby　　　with the milk.
　　　　　　　　　　　　　受理者(名詞句)　提供物(前置詞句)

このように2種類の異なる配列の構文を許すようなタイプの動詞を、「交替動詞」と呼んでいくことにしましょう。

1つの動詞が2つの構文を取るのはなぜでしょうか。それは、話の流れの中で、提供物と受理者の内どちらか一方が既知情報となり、他方が新情報になる可能性があるからです。例えば、Betty milks cows every morning.（ベティは毎朝乳絞りをする）というような先行文脈の後では、milk が既知情報ですから、供給物の milk が手前に現れている(3a)の方が先行文脈に自然に繋がります。それに対して、Betty has two kids and one baby.（ベティには二人の子供と一人の赤ん坊がいる）のような文脈の元では、baby が既知情報になっていますから、受理者の baby が手前に現れている(3b)の方が自然に繋がります。21頁で見た「既知から新へ」の原則に従い、既知情報は前方に、新情報は後方に置かれるわけです。

交替動詞をいくつかのグループに整理してみましょう。

◎授受動詞

交替動詞として最もよく知られているのが、5文型のSVOOに当たる構文を取る動詞です。この構文は2つの目的語（間接目的語と直接目的語）を含んでいるので、「二重目的語構文」と呼んでいます。二重目的語構文を取る動詞には、award, bring, give, hand, kick, offer, promise, sell, send, show, take, teach, tell, write のような、物や情報のやり取りを表す「授受動詞」が挙げられます。授受動詞の二重目的語構文では、1番目の目的語として受け取る人（受理者）、2番目の目的語として与えられる物（提供物）がそれぞれ名詞句で現れています。授受動詞は二重目的

語構文の交替型として，提供物が動詞直後の目的語，受理者が前置詞 to の目的語として現れる型も取ることができます。前置詞 to は与える相手を表しており，古い英語や他の印欧語ではそれに特有の格として与格(よかく)（ドイツ語などで3格と呼ばれるもの，日本語のニ格）という格変化があるので，それになぞって受理者が前置詞 to によって表されている構文を「与格構文」と呼ぶことがあります。次の(4a)は二重目的語構文，(4b)は与格構文です。

(4) a. The president awarded Jack the prize.
　　　　　　　　　　　　　　　　　　〈二重目的語構文〉
　　b. The president awarded the prize to Jack.
　　　　　　　　　　　　　　　　　　〈与格構文〉

両構文の意味的相違は，(4a)の二重目的語構文では受理者 Jack が提供物 the prize を確かに受理したのに対して，(4b)の与格構文では必ずしも受理したかどうかは分かりません。したがって，But Jack did not accept it.（しかしジャックはそれを受け取らなかった）のような文は，(4a)の後では矛盾しますが，(4b)の後では矛盾するとは限りません。

二重目的語構文を取る動詞には，このほかに，bake, build, cook, design, make, write（作品を書く）のような「創作動詞」，buy, get, hire（賃貸しする），order, rent（賃貸しする），save（蓄える），spare（さく）などの「取引動詞」があります。これらの動詞は，二重目的語構文の代替型として，前置詞 for による与格構文が可能です。

(5) a. Jack bought Betty a new dress. 〈二重目的語構文〉
　　b. Jack bought a new dress for Betty. 　〈与格構文〉

◎供給動詞

　(3a)で見た provide では，提供される物（提供物）が名詞句，提供を受ける者（受理者）が for の前置詞句で現れています。credit（信用貸しする），furnish（供給する），present, trust（任す）などの「供給動詞」では for の前置詞句の代わりに to の前置詞句が用いられます。supply では両方の前置詞句が可能です。供給動詞は，交替型として，受理者が目的語となり，提供物が前置詞句として生じる型が可能です。提供物は with 前置詞句として現れます。

　　(6) a. Jack presented a jewel to Betty.
　　　　b. Jack presented Betty with a jewel.

◎布置動詞と除去動詞

　2つの補部の一方が置かれる物，他方が置かれる場所を表す hang, load（積む），pack（詰める），plant, smear（塗りつける），spread（まき散らす）などを，物を置く動詞，「布置動詞」と呼ぶことにしましょう。布置動詞では，物が目的語の名詞句，場所が前置詞句で現れる(7a)のような型と，逆に場所が目的語の名詞句，物が with で始まる前置詞句で現れる(7b)のような型が可能です。(7a)型の前置詞句として現れる前置詞は一定していません。

　　(7) a. Jack loaded the hay onto the truck.
　　　　b. Jack loaded the truck with the hay.
　　(8) a. Betty smeared paints over the canvas.
　　　　b. Betty smeared the canvas with the paints.

　どちらの型でも，動詞の目的語として生じた物または場所が，行為の影響を全面的に受けることになります。(7a)では積み込もう

としていた干草すべてがトラックに積まれ、一方(7b)ではトラック荷台の全面が干草で埋められたという意味合いがあります。

　布置動詞とは逆に，物の除去を表す clean, clear, drain（排水する），empty, strip（はぐ）などの「除去動詞」は，除去される物が目的語の名詞句，除去される場所が from の前置詞句で現れる(9a)のような型と，逆に除去される場所が目的語の名詞句，除去される物が of の前置詞句で現れる(9b)のような型の両方が可能です。ここでも，目的語として生じた物または場所が，行為の影響を全面的に受けることになります。

　　　(9) a．We cleared the dishes from the table.
　　　　　b．We cleared the table of the dishes.

　2つの補部の一方が道具，他方が場所を表す bang（ぶつける），beat（たたく），hammer（ハンマーで打つ），hit, knock, smash（バシッと打つ），stab（突き刺す），strike などの「打撃動詞」も，場所が目的語の名詞句，道具が with 前置詞句になる(10a)のような型と，道具が目的語の名詞句，場所が前置詞句になる(10b)のような型の両方が可能です。場所の前置詞句に現れる前置詞は一定していません。

　　　(10) a．He hit the tree with the stick.
　　　　　 b．He hit the stick against the tree.

◎群集動詞

　主語と補部とが交替する交替動詞もあります。abound（群がる），bloom（茂る），crawl（うようよいる），creep（はって群がる），sprout（噴出す），swarm（群がる）など動植物の群がりを表す「群集動詞」では，群がる動植物が主語になる(11a)のような

型と，群がる場所が主語になる(11b)のような型があります。後者では動植物が with の前置詞句で現れます。

 (11) a．Bees are swarming in the garden.
    b．The garden is swarming with bees.

どちらの型が適切であるかは，やはり，動植物と場所のどちらが主題になるか（つまり，主語に据えるか）に掛かっています。また，(11b)のように主語として場所が現れている場合には，その場所が全面的に影響を受け占拠されていることになります。

 このように１つの動詞が２つの異なる構文を交替して取れるのは，主に補部として生じる２つの要素が，文脈によって変わってくる情報の新旧の相違に対応することができるようにするためです。また２つの補部のうち，動詞によって表される動作の影響を全面的に，あるいは直接的に受ける方が，目的語として生じることになります。

4.3 受動態

 「旧から新へ」の情報配置の原則に沿うように語句の配列を変えるという点で，上で見た交替動詞とよく似ている現象があります。それは，「能動態」と「受動態」の交替です。能動態の文では，最も典型的に，動作の行為者が主語，動作の対象物が目的語の位置に現れます。しかし行為者が新情報で対象物が既知情報の場合には，「旧から新へ」の原則に従って，対象物を文頭に，逆に行為者を文末に配置したくなります。その要望を叶えてくれるのが受動態で

す。

(12) a．The gentleman bought a new car.
　　b．The new car was bought by a gentleman.

(12 a)では，冠詞の定・不定からして，gentleman が既知情報，new car が新情報，逆に(12 b)では，new car が既知情報，gentleman が新情報です。

受動態の働きは，無論，情報配置を変化させるだけではありません。例えば，受動態の by 前置詞句は明示しなくてもかまわないので，動作の行為者を明示する必要がない（あるいは明示するのを避ける）場合に，受動態が用いられます。

しかし，受動態のもっと本質的な働きは，8頁で見たように，動作や行為を被る側の立場から状況を記述・描写することです。上記の能動文(12 a)では買い手の立場から購入の状況が記述されていますが，受動文(12 b)では購入された品物の観点から記述されています。

この点に注目するならば，他動詞でありながら受動態にならない事例の理由が説明されます。

◎受動化できない動詞

受動化できない動詞の１つのグループは，resemble, touch（接触する），hit（ぶつかる），meet（約束して会う）などの「対称動詞」です。対称動詞というのは，１つの状況や出来事を，Jack resembles Jim. のようにも Jim resembles Jack. のようにも，どちらの観点からでも描写できるような動詞です。能動文のままでどちらの観点からでも描写できるので，*Jim is resembled by Jack. のように，一方の能動文をわざわざ受動化する必要はありません。

もう1つの受動化できない動詞グループは，cost, equal, weigh（重量がある）のような，目的語が程度や数量を表す他動詞の群です。目的語は，be動詞に続く数量名詞と同じように（A formal suit is more than $1000.），程度や数量を表しているだけであり，動作や行為を被っているわけではありません。受動文では動作を被っている側の立場から状況を描写するのですから，動作の影響を被っていない程度や数量などを表す語句が受動文の主語となるのは不自然です。

(13) a． A formal suit costs *more than $1,000*.

　　 b．**More than $1,000* is cost by a formal suit.

(14) a． The wrestler weighs *100 pounds*.

　　 b．**100 pounds* are weighed by the wrestler.

　受動化できない3つ目のグループは，contain, have, hold（収容する），lack（欠いている）のような，存在状態を表す動詞群です。目的語は，主語が表す場所に物が存在していることを示しており，動作や行為を被っているわけではありません。

(15) a． This box contains *many apples*.

　　 b．**Many apples* are contained by this box.

(16) a． These students have *a good sense of humor*.

　　 b．**A good sense of humor* is had by these students.

◎二重目的語と受動化

　受動文は，動詞が過去分詞になったのに伴って，その直後の名詞句が主語になったものと考えられます。したがって受動文の主語になるのは，動詞に一番近い名詞句です。二重目的語構文では，動詞の後ろに2つの名詞句が続き，しかもどちらも「目的語」と呼ばれ

ます。しかし，受動文の主語になるのは動詞に一番近い第1目的語（受理者に当たる間接目的語）だけです。

(17) a． They showed Jack Betty's picture.
　　 b． Jack was shown Betty's picture.
　　 c． *Betty's picture was shown Jack.
(18) a． He bought Betty a new dress.
　　 b． Betty was bought a new dress.
　　 c． *A new dress was bought Betty.

　受理者が与格構文で to 前置詞句に交替する(17)の二重目的構文では，(17c)のような第2目的語（提供物に当たる直接目的語）が受動文主語になった型も可能であると言われることがありますが，それが辛うじて可能なのは give など若干の動詞に限られています。通常許されない第2目的語の受動文も，第1目的語が代名詞で，by 句が明示されていると（Betty's picture was shown them by her mother.），良さが少し増します。また受理者が与格構文で for 前置詞句に交替する(18)の二重目的構文では，(18b)のような第1目的語が受動文主語になった型もダメであると言われることがありますが，これも正しくありません（ただし，話者によっては，(18b)の型は(17b)の型に比べると劣ると判断する人もいます）。

◎自動詞の受動態

　受動文では他動詞の目的語が主語になるのですが，自動詞に続く前置詞句の目的語が受動態文の主語になることがあります（そのような受動文を，専門用語で「擬似受動文」と言います）。

　自動詞を2つのグループに大別すると，aim, depend, laugh, listen, look, run, smile, swim, talk などのような人の意図的

な行為を表す動詞と，arrive, appear, depart, exist, happen, melt, occur などのようなモノの存在・出現・状態変化を表す動詞に分けられます。便宜的に前者を「スル動詞」，後者を「ナル動詞」と呼んでいくことにしましょう（専門用語では，前者を非能格動詞 (unergative verbs)，後者を非対格動詞 (unaccusative verbs) と呼びます）。受動態は動作・行為を被る側の立場から描写するのですから，受動態になれる自動詞は，主語が積極的・意図的に働きかけるような内容のスル動詞に限られます。実際スル動詞は受動文になれますが（下記(19)(20)），ナル動詞はなれません（(21)(22)）。

(19) a．He aimed at *the target* but missed it.

　　 b．*The target* was aimed at but missed.

(20) a．Her family depended upon *the little girl*.

　　 b．*The little girl* was depended upon by her family.

(21) a．The sun appeared above *the horizon*.

　　 b．*The horizon was appeared above by the sun.

(22) a．The ice melted into *water*.

　　 b．*Water was melted into by the ice.

ただし，スル動詞ならば常に受動態になれるというわけではありません。受動態になれるのは一般に，上で見たとおり，他動詞であり，他動詞の主語は行為者，目的語はその行為の目的対象物という役割を果たしている場合です。受動態になれる自動詞も，その自動詞と前置詞の結び付きが強く，自動詞＋前置詞でもって，主語が行為者，（前置詞の）目的語が行為の対象となるような場合に限られます（主語が行為者になるのはスル動詞に限られますから，まずスル動詞に限定されるわけです）。(23)-(24)の例文では(a)(b)どちらにおいても，同じスル動詞が用いられていますが，前置詞が異な

っており，その前置詞の相違が，自動詞と前置詞の結び付きの強弱，それに伴って（前置詞の）目的語の役割の違いを生み出しています。(a)では自動詞と前置詞の結び付きが強く，自動詞＋前置詞によって，目的語が動作の対象を表していますが，(b)では自動詞と前置詞句の意味的関係が弱く，前置詞句が行為の行われる場所を表しているに過ぎません。そのために(a)だけが，受動文として適切となります。

(23) a． The bed has been slept in (by the guests).
　　 b．*The bed has been slept beside (by the guests).
(24) a． The table was eaten at for many years.
　　 b．*The table was eaten under for many years.

さらに，次の(25)では，自動詞ばかりではなく前置詞も同じですが，(a)では自動詞と前置詞の結び付きにより，my new hat が「座る」という行為の目標対象を表しますが，(b)では on the roof という前置詞句が「座る」という行為が行われる場所を表しているに過ぎません。

(25) a． My new hat has been sat on.
　　 b．*The roof has been sat on all day.

自動詞の受動態は，まず動詞の種類としてはスル動詞に限られ，その中でも自動詞＋前置詞がある目的対象に対する行為を表す場合に限られます。自動詞＋前置詞が，受動態になれる多くの他動詞と同様に，主語が行為者，前置詞の目的語が行為の目的対象を表すような場合に限られるわけです。

4.4　be 動詞

　これまで見てきたのは一般動詞です。今度は be 動詞について少し見てみましょう。

　(26)と(27)の文はいずれも，A is B という形をしており，B が名詞句です。be 動詞は A と B を繋ぐ語なので，「繋辞(けいじ) (copula)」と呼ぶことがあります。

(26)　a．He *is* Al Smith.

　　　b．He *is* that man standing next to Betty.

　　　　（その人はベティの横に立っている人だ）

　　　c．He *is* Betty's husband.

(27)　a．He *is* a coward.（彼は臆病者だ）

　　　b．He *is* an alumnus of this high school.

　　　　（彼はこの高校の卒業生だ）

　　　c．He *is* an excellent candidate.

　　　　（彼は立派な候補者だ）

◎ 2 種類の be 動詞

　be 動詞には，その前（A）と後（B）の繋ぎ方によって，「同定 (identification)」という働きと「叙述 (predication)」という働きがあります。同定というのは，A＝B というふうに，2 つのことが同じであると定めることを言います。叙述というのは，A についての性質や，身分，状態，評価など――これらをまとめて「属性」と呼ぶことにしましょう――を述べる（叙述する）ことを言います。

(28) A is B.

be 動詞(繋辞) ─┬─ 同定：A＝B
　　　　　　 └─ 叙述：A について B で叙述する

　(26)で見た文ではいずれも，be 動詞の前と後がイコールの関係になっています。例えば，(26 a)の He is Al Smith. ならば，「彼」＝「Al Smith」という関係が成り立ちます。

　一方，(27)で見た文では，be 動詞が叙述の用法で用いられています。例えば，(27 a)の He is a coward. では，「彼」について「臆病な性質をした人」という属性を述べています。「臆病な性質をした人」は彼以外にもいるのですから，「彼」＝「臆病な性質をした人」という関係にはなりません。

　A＝B という等式は B＝A と言い換えられるのですから，同定用法では be 動詞の前後を入れ替えることができます。(26)(27)の例文では主語が代名詞 he になっており，代名詞は既知情報のため一般に文末に生じにくいので，he を Albert に代えて入れ替えて見てみましょう。be 動詞が同定用法で用いられている(29)の例文では入れ替えが可能ですが，叙述用法で用いられている(30)の文では入れ替えが不可能です。

(29) a．Albert *is* Al Smith.　＝ Al Smith *is* Albert.

　　 b．Albert *is* that man standing next to Mary.

　　　　 ＝ That man standing next to Mary *is* Albert.

　　 c．Albert *is* Mary's husband.

　　　　 ＝ Mary's husband *is* Albert.

(30) a．Albert *is* a coward.　⇒ *A coward *is* Albert.

　　 b．Albert *is* an alumnus of this high school.

　　　　 ⇒ *An alumnus of this high school *is* Albert.

c．Albert *is* an excellent candidate.

⇒ *An excellent candidate *is* Albert.

be動詞の同定用法では，主語の人を，その人の別の表現で同定するのですから，主語が特定の人であれば，当然同定される対象も特定な人に限定されます。したがって，be動詞の後に現れる名詞は定冠詞を持っているのが普通です。

一方，叙述用法では，(27)(30)の例からもわかるように，be動詞の後ろに現れる名詞は，クラス（種類）のメンバーであることを表します。Albert *is* a coward. ならば，Albertが「臆病者」というクラスの1メンバーであることを表しています。1メンバーなのですから，たいがいの場合，不定冠詞がついています。

◎疑問詞はwhoかwhatか

be動詞の後の部分を質問する場合，名前を尋ねる時はWho is he?，職業を尋ねる時はWhat is he? のようになると言われます。

名前は，(29 a)から明らかなように，be動詞が同定用法で用いられている場合です。主語が人間であるならば，同定の対象となるのも当然人間を表す名詞句ですから，名前を質問する時には，人を表す疑問詞whoが用いられるわけです。(29 b)(29 c)のように，同定の対象が名前以外の指示物や社会的・親族的関係などの場合でも，主語が人ですから，当然人を表す疑問詞whoで質問されます。一方，主語が人以外であれば，be動詞の後を問う疑問詞も，人以外のものを表す疑問詞，すなわちwhatになります。

(31) The problem *is* that he hasn't decided on a future job yet. ⇒ What *is* the problem?

これに対してbe動詞が叙述用法で使われる場合には，be動詞の

後に現れるのは性質，身分，職業，評価など人の属性を表す名詞句です。職業を含めて人の属性を問う時には，人を表す疑問詞 who ではなく，モノやコトを問う疑問詞 what が用いられることになります。

be 動詞の同定用法と叙述用法は，WH 疑問文ばかりではなく，「関係節」(→第 5 章) においても違いを示します。(32 a) は「彼は，私が彼だと思っていた男性とは別人だった」という意味ですから，be 動詞は同定用法です。したがって，関係代名詞として人を表す who が用いられます。一方(32 b)は「彼はもはやかつてのような属性をした人ではない」という意味ですから，be 動詞は叙述用法です。したがって，関係代名詞として，人とは限らない that が用いられます。話者によっては，that の代わりに，人以外のものを先行詞とする関係代名詞 which を用いることがあります。

(32)　a．He *is* not the man who I thought he was.

〈同定用法〉

　　　b．He *is* not the man that / which he used to be.

〈叙述用法〉

◎ be 動詞の叙述用法と形容詞の叙述用法

「叙述用法」という言い方は，「形容詞の叙述用法」という時にも用いられます。形容詞には a tall building のような限定用法と呼ばれる用法と，The building is tall. のような叙述用法と呼ばれる用法があります (→ 5.4)。これまで見てきた be 動詞の叙述用法の例では，be 動詞の後に生じるのがもっぱら名詞句でしたが，その位置には形容詞句が生じることもできます。それが，形容詞 (句) の叙述用法にほかなりません。be 動詞の叙述用法では，その後に名

詞句が生じようと，形容詞が生じようと，主語の属性を述べている点でまったく同じです。

(33) a．He *is* a coward.（彼は臆病者だ）
　　 b．He *is* cowardly.（彼は臆病だ）

(34) a．He *is* a fool.（彼は愚か者だ）
　　 b．He *is* foolish.（彼は愚かだ）

be 動詞の後には，He *is* out of his mind. とか，The dictionary *is* on the desk. のように前置詞句が生じることもできます。前置詞句は，主語の一時的（または恒常的）な状態や属性を表しており，これも be 動詞の叙述用法の一例にほかなりません。be 動詞の叙述用法では，その補部として，名詞句，形容詞句，前置詞句が生じるわけです。

◎いわゆる不完全自動詞

be 動詞は，学校文法で「不完全自動詞」と呼ばれるグループの1つです。このグループの動詞は，必ず補部を必要とします。不完全自動詞には，be 動詞以外に，become, get, remain, stay, seem などがあります。これらの不完全自動詞は，be 動詞の叙述用法と同じ働きを果たします。したがって，これらの自動詞の後ろにも，形容詞句ばかりではなく，名詞句も前置詞句も現れます。

(35) a．Jack *became* {angry / a lawyer / beyond control（手に負えなくなった）}.
　　 b．He *got* {mad on soccer（サッカーに夢中になった）/ a bad influence on my children（子供たちに悪影響を及ぼした）/ into mischief（いたずらを始めた）}.
　　 c．The explosion in London *remains* {unsolved / a

mystery / without compare（比類ない）}.
　　d．We have *stayed* {safe / friends through thick and thin（どんな時でも友達でいる）/ in control（管轄下にある）}.

be 動詞には，同定用法がある点で他の不完全自動詞とは異なりますが，叙述用法ではそれらと同じです。ただし，be 動詞はどちらの用法でも，yes-no 疑問文の作り方などに関しては，3.1 で見た進行形の be 動詞や受動態の be 動詞と同様に，助動詞として振る舞うという点では，他の不完全自動詞とは異なります。

◇この章のポイント
・動詞は後続要素への指示を出す司令塔。
・同じ動詞が交替構文をとるのは，主に，新旧情報への対応のため。
・be 動詞は，必ずしも A＝B だけを表すものではない。

The mother kangaroo
will feed **new leaves** to her baby
affectionately
while he is looking out
from her pouch.

第 **5** 章

目的語

第 **5** 章 目的語

カンガルーの「前足」は人間の手のように器用で，動物の中でも際立った存在です。「目的語」も，動詞を他動詞と自動詞に分類するという際立った働きをしています。そこで，目的語をここではカンガルーの前足に喩えてみましょう。前足をよく見ると，人の手と同じように，肘と手首に関節があり，大きく3つの部位からなっています。目的語として生じる名詞にも，その前や後にいろいろな修飾語句が付くのが普通です。

5.1 目的語は動作の目的対象

　動詞の直後には，その動詞が他動詞であれば，目的語が生じます。他動詞の主語と目的語は，最も典型的に，動作・行為を行う行為者とその目的対象（対象者/被動者）の関係になります。動作・行為の目的対象であり，影響を最も直接的に受けるので，目的語，あるいは直接目的語というわけです。

　他動詞が Jack sent Betty a package. のように2つの目的語をとる場合（4.2で見た二重目的語構文），1番目の目的語を間接目的語，2番目の目的語を直接目的語と呼ぶのも，後者の方が，動作・行為の影響を最も直接的に受ける対象となるからです。

　交替動詞（→ 4.2）の多くは，2つの補部のうちどちらが目的語として現れどちらが前置詞句として現れるかによって異なった構文を取ることができます。どちらの構文を取るにせよ，目的語の方が前置詞句で現われる補部に比べて「より重大な影響を受ける」「影響が全面に及んで」というニュアンスを持つことになります。(1 a)では「子供たち全員を対象として」，(1 b)では「手元のクッキーすべてを」という意味合いが含まれます。どちらの構文でも，目的語が動作の対象だからです。

　　　(1) a. Betty supplied *the children* with the cookies.
　　　　　 b. Betty supplied *the cookies* to the children.

　目的語になるのは，名詞句に限られます（いわゆる目的節といわれる節については，第6章で扱います）。本章では，名詞句の構成について見ることにしましょう。

5.2 名詞句の組み立て

　名詞句には，(2a)のように名詞が単独で生じることも，(2b)のようにその名詞の前に修飾語が付くことも，(2c)のように名詞の後に修飾語が付くことも，(2d)のように名詞の前および後の両方に修飾語が付くこともあります。さらに，いずれの例文でも，the のような冠詞を付けることができます。冠詞のような要素が名詞句の始まりを合図します。

　　(2) a. She met (the) *students*.
　　　　b. She met (the) smart *students*.
　　　　c. She met (the) *students* of physics.
　　　　d. She met (the) smart *students* of physics.

　少し文法用語が増えますが，名詞の前に生じる修飾語を「前位修飾語」，後に生じる修飾語を「後位修飾語」，冠詞のような名詞を限定する語句を「決定詞」と呼んでいきます。

　students のような普通名詞は修飾語や決定詞と一緒に生じますが，Jack や Betty のような固有名詞や he や she のような（人称）代名詞は，通常，修飾語や決定詞と一緒に生じません。それだけであるモノを指し示しており，単独で名詞句となるからです。

◎可算性

　名詞句の中心として生じる普通名詞は，大きく「可算名詞」と「不可算名詞」に分けられます。可算名詞は1つ，2つと数えられる名詞，不可算名詞は数えられない名詞です。この区別は，英文を作る際に，単数・複数の区別をする必要があるかどうかという点で

重要です。

　gold, iron, water, beer, rice, corn, stone などのように物質や物性を表す「物質名詞」や，happiness, democracy, silence, beauty, deed, infancy などのように概念や制度などを表す「抽象名詞」は，不可算名詞です。一方，boy, girl, book, car, computer, horse, swallow など物体を表す名詞（物質名詞と対比させて，「物体名詞」と呼ぶことにしましょう）や，war, speech, battle, conference（会議）のような出来事を表す名詞（「出来事名詞」）は，可算名詞です。可算名詞には単数・複数の区別がありますが，不可算名詞にはありません。なお，ここで言う物体名詞のことを普通名詞と言うことがありますが，普通名詞は，固有名詞以外の名詞——すなわち，物質名詞や抽象名詞，物体名詞など——を総称する広い名称です。

　では，通常「集合名詞」と呼ばれている名詞は，可算名詞と不可算名詞のどちらに属するのでしょうか。次の(3)も(4)も，複数のメンバーからなる集合体を表す名詞なので集合名詞と呼ばれます。(3)のような集合名詞は可算名詞，(4)のような名詞は「物質名詞扱いされる集合名詞」とか「不可算扱いされる集合名詞」とか言われます。

　　(3) army（軍隊）, audience（聴衆）, cabinet（内閣）, class（クラス）, committee（委員会）, family（家族）, government（政府）, nation（国民）, party（一行）, ……
　　(4) clothing（衣類）, equipment（備品）, food（食物）, footwear（履物）, furniture（家具）, game（獲物）, machinery（機械類）, underwear（下着）, ……

　(3)の集合名詞は，同質のメンバーの集合を1つのまとまり，つ

まり集団として表しているので、「集団名詞」と呼ぶことにしましょう。個々のメンバーも可算名詞ですし、集団も可算名詞です。

　それに対して、(4)の集合名詞は異質のメンバーの集合を1つのまとまりとして表しています。例えば footwear は靴、下駄、サンダル、靴下などをまとめて称したものです。異質のメンバーを包括する種類を表しているので、「類名詞」と呼ぶことにしましょう。類名詞のメンバーは a shoe—shoes, a sandal—sandals のように可算名詞ですが、類名詞自体は包括的な類を表しているので不可算名詞です（*a footwear—*footwears）。

　people が「国民」の意味であれば可算名詞であり、a people, (two) peoples のように単数または複数形にすることができますが、「人々」の意味の場合には、人間の集団という具合に類名詞扱いになります。people は「人々の」の意味で、three people, many people のように -s が付かずに可算名詞の複数としても用いられることもあります。これは、deer や sheep など動物を表す可算名詞と同様に、単数・複数が同形（単複同形）であると見ることができます。people の場合には「人々」という意味からして、one people（一人の人々）という単数用法はありません。

　(5)に名詞の種類をまとめておきましょう。

　　(5)

```
              ┌ 固有名詞   ┌ 物質名詞 ─────┐
              │           │                │
名詞 ─────────┤           ├ 抽象名詞 ─────┼─ 〈不可算〉
              │           │                │
              └ 普通名詞 ─┤ 集合名詞 ─┬ 類名詞 ┘
                          │           │
                          │           └ 集団名詞 ┐
                          │                      │
                          ├ 物体名詞 ─────────────┼─ 〈可算〉
                          │                      │
                          └ 出来事名詞 ───────────┘
```

可算—不可算名詞の違いは，それが表すものを個体として個別化できるかという点に掛かっています。army などの集団名詞は，例えば遠征軍・占領軍・予備軍など「軍隊」という同質のメンバーの集合ですし，girl のような普通の物体名詞も「少女」という同質メンバーの集合（クラス）を表しますし，war などの出来事名詞も，中東戦争・ベトナム戦争・イラク戦争など「戦争」という同質メンバーの集合（クラス）を表しています。メンバーに分けて，それぞれのメンバーに同じ名称を与えることができます（ただし，cabinet, committee, family などを構成するメンバーを指す時には，cabinet member のように member を付けます）。それが個別化であり，個別化できるのが可算名詞です。

　一方，不可算名詞の場合には個体として個別化できません。iron や water などの物質名詞はモノの性質を，また democracy や silence などの抽象名詞は状態を表しており，メンバーに分化することができません。clothing などの類名詞に属するものは，ジャケット，スーツ，ズボンなどとメンバーに分けることはできますが，類名詞が表しているのはメンバーに共通の性質（種類）であり，この点では物質名詞と同じです。性質や状態などは区切りのない連続をなしており，個別化することができません。個別化できないのが不可算名詞です。

　同じ名詞が可算名詞としても不可算名詞としても用いられることがあります。その相違は，個体として個別化できるかのという点にあります。

　　　（6） a ． I like *wine*. （ワインという酒の種類）

　　　　　 b ． Give me *one more wine*.

　　　　　　　（グラスもう１杯分のワイン）

c．She offered me *two* different *wines*．

　　　　（2種類のワイン）

　（7）a．We are having *bream* for dinner．

　　　　（鯛料理という料理の種類）

　　　b．This recipe needs *a bream*．（1匹分の鯛）

　（8）a．We are having *examination* next week．

　　　　（試験という行為）

　　　b．I have to take *many examinations* this semester．

　　　　（試験科目）

　　　c．The teacher made *three examinations*．（試験問題）

　名詞の可算-不可算の区別は，次に見る決定詞の選択にも関係してきます。不可算名詞は複数になれませんから，それが主語として生じる場合，常に単数扱いされます。そのために，現在時制においては，相の助動詞・迂言助動詞（→第3章），動詞（→第4章）の単・複形に影響を与えます。

5.3　決定詞

　名詞句の始まりを合図するのが「決定詞」です。決定詞には何種類かあり，どれとどれが一緒に使えるのかが複雑ですので注意が必要です。

◎冠詞類

　決定詞のうち「冠詞」については 2.2 で見ました。冠詞は，同定可能性に基づいて，定冠詞と不定冠詞に分かれます。冠詞と同類の

ものをまとめて「冠詞類」と言うことにしましょう。(9 a)の定冠詞類はいずれも同定可能, (9 b)の不定冠詞類はいずれも同定不可能です。

(9) 冠詞類
 a. 定冠詞類：the, this, that, these, those, 所有格名詞 (our, his, her, Jack's, ...)
 b. 不定冠詞類：a, an, either, neither, each, every

(9 b)のメンバーは「いずれの１つを取り上げても」「任意の１つ」という具合に, 不定であることと同時に, １つという数も表しています。

◎数詞

数量を表すものに, (10 a)のような具体的な数を表す基数, (10 b)のような不特定数量を表すものがあります。まとめ「数詞」と呼ぶことにしましょう。

(10) 数詞
 a. 基数：one, two, hundred, …
 b. 不特定数：a few, several, some, many (以上, 数), a little, some, much (以上, 量), no

(9 b)の不定冠詞類と(10)の数詞は共に数を表しているので, 両者が一緒に生じるということはありません ((11 a))。ですが(9 a)の定冠詞類と(10)の数詞は働きが異なるので, 共起することが可能です ((11 b))。

(11) a. *a two pens, *each several athlete, …
 b. the three dictionaries, these several groups, his many books, …

◎限定数量詞

(9 b)の不定冠詞類と(10)の数詞と同様に数量を表すのですが，(12)のような「すべて」「両方」という具合に数量を限定する働きをするものがあります。

(12) 限定数量詞：all, both, half

同じ数量を表すもの同士は互いに衝突し合い共起できないので，(12)と(9 b)の共起((13 a))，(12)と(10)の共起((13 b))はだめです。しかし，(9 a)の定冠詞類は同定することが主たる働きですから，(12)と共起することが可能です((13 c))。

(13) a．*all each monkey, *both every car, …
　　 b．*all several weeks, *both two computers, *half many books, …
　　 c．all {the / these / Jack's} friends, both {the / these / Jack's} cars, half {the / this / Jack's} money, …

決定詞をまとめると表1のようになります。縦方向の「冠詞」には定と不定の区別があり，横方向の「数量」には3つの下位グループがあることが，示されています。(11)(13)で見たとおり，数量の決定詞((9 b)(10)(12))同士は一緒に生じることはできません。共起可能な限定数量詞，定冠詞類，数詞が一緒に生じる時は，all the three friends のように，この順で現れます。

表1

数量		冠詞	
		定冠詞類(9a)	
	限定数量詞(12)	不定冠詞類(9b)	数詞(10)

不可算名詞は数えられませんから，数量を表す決定詞が付くことはできません。ただし限定数量詞の all と half は，量を表すこともできるので，all the milk や half the furniture のように，不可算名詞である物質名詞や類名詞とも生じることができます。

◎存在の前提

表1の網掛け部分は「定」（特定のものを指す），白地部分は「不定」（任意の数量を表す）であることを示しています。定と不定の相違は，存在構文の意味上の主語（→ 25 頁）として生じることができるかという違いを示します。存在構文は，話者が，あるものの存在を新たに主張するのに用いられます。定冠詞類や限定数量詞が付いている名詞は，聞き手がその存在を知っていると話者が前提にしており，その存在が前提になっています。the book であれば，どの book であるか同定できるのですから，そのような book が存在することが前提となっています。both boys という場合も，特定の二人の boys が存在していることが前提になっています。したがって，定の名詞句は，存在を新たに新情報として主張する存在構文とは馴染みません。

(14) a． There are {two / several / many} students in the room.
　　 b． *There are {the / these / all / both} students in the room.

不定冠詞類の either, neither, every, each は，それら自体は不定——任意の1つ（ずつ）——を指すのですが，一緒に生じる名詞が表すモノの存在は前提になっています。each student であれば，特定の student の集団が存在することが既に前提となってお

り，その集団中の任意の個別学生のことを指しています。したがって，これらの不定冠詞類も，共に現れる名詞が表すモノの存在が前提になっているので，定冠詞類と同様に，存在構文には現れません。

 (15) *There is {either / each / every} student in the room.

every と each は共に単数の事物を指しますが，each の方が個別性が強く感じられます。every の方は個がまとまって全体について述べているようなニュアンスがあります。したがって，複数の数量を修飾する almost などは every には付きますが，each には付きません。

5.4 形容詞

 名詞の前には，決定詞に続いて前位修飾語が来ます。前位修飾語となるのは主に形容詞です。形容詞には，(16 a)のような be 動詞の後に生じる「叙述用法」と，(16 b)のような名詞の前に生じる「限定用法」があります。前位修飾語としての形容詞は，形容詞の限定用法のことにほかなりません。なお叙述用法とは，4.4 でみたように，be 動詞の叙述用法に続く形容詞のことです。

 (16) a．The lion is *fierce*.
    b．a *fierce* lion

◎形容詞の前位修飾と後位修飾

 限定用法の形容詞は通常「前位修飾」（名詞を前から修飾）ですが，「後位修飾」（名詞を後から修飾）することもあります。例え

ば，接尾辞-able を持った形容詞などは前位にも後位にも生じますが，前位修飾の場合には恒常的な属性を，後位修飾の場合には一時的な状態を表すという意味的相違があります。

 (17) ａ．a *navigable* river（常時航行できる川）

    a river *navigable*（一時的に航行できる川）

   ｂ．every *visible* star（可視的な星）

    every star *visible*（今空に見えている星）

   ｃ．the only *defensible* argument（正当な議論）

    the only argument *defensible*（当面防御できる議論）

通常，叙述用法しか許されないと言われている present（出席している），ready（準備できている），asleep（眠って），ablaze（燃えて）などの形容詞も，(18)のように後位修飾であれば限定用法として用いることができます。これらの形容詞も一時的な状態を表しています。

 (18) all the people *present*（出席者全員），goods *ready*（準備済みの品物），a baby *asleep*，a house now *ablaze*（現在燃えている家）

◎修飾語としての分詞

 動詞の過去分詞も現在分詞も形容詞のように修飾語になります。「過去分詞」が修飾語になるのは他動詞に限られており，受動の意味が含まれています（(19)）。一方，「現在分詞」が修飾語になるのは自動詞に限られており，進行の意味が含まれています（(20)）。

 (19) a *spoiled* child（甘やかされた子供），*deserted* villages（さびれた村），a *wounded* soldier（傷つけられた兵士），a *reserved* seat（予約された席），a *broken* vase，…

(20) a *sleeping* baby, a *burning* house, a *swimming* boy, *trembling* hands（震えている手）, a *smiling* girl, …

自動詞でも，例外的に過去分詞が修飾語になることがあります。4.3で，自動詞には，意図的な行為を表すスル動詞と，モノの出現や状態変化を表すナル動詞があることを見ました。自動詞の過去分詞が修飾語になれるのは，ほぼナル動詞の場合に限られます。

(21) an *arrived* train, a *departed* guest, a *withered* flower（しおれた花），the *vanished* jewel（消えた宝石），a recently *appeared* book（最近出版された本）

5.5　後位修飾語

名詞の後に来る後位修飾語として，前置詞句および節が生じます。節には，名詞の内容を詳しく述べる「同格節」((22)) と，名詞を先行詞とする「関係節」((23)) があります。

(22) a. Nobody believes the prediction *that the crucial bill will be defeated in the House of Councilors.*（誰も，その重要法案が参議院で否決されるだろうなどという予測を信じていない）

　　 b. He has once proposed the hypothesis *that Japanese is an Altaic language.*（彼はかつて，日本語がアルタイ語であるという仮説を提案したことがある）

(23) a. Nobody believes the prediction *that the President has made ___.*（誰も，大統領が行なった予測を信じていない）

  b．He has once proposed the hypothesis *that* ___ *surprised many Japanese scholars.*（彼はかつて，多くの日本人研究者を驚かせた仮説を提案した）

　同格節と関係節の相違は，同格節内には節の構成要素すべてが現れていますが，関係節内には下線部の所が欠けているという点です。(23 a)では関係節内の目的語の位置の prediction が，(23 b)では主語の位置の hypothesis が欠けています。欠けている要素は先行詞と同じ要素であり，それが関係代名詞（(22)(23)では that）になって，先行詞の直後に移動していると考えられます。また同格節を導く接続詞は that に限られていますが，関係節を導く関係代名詞は that のほかに which, who などが可能です。

　もう1つの相違点は，同格節は1つの名詞に1つだけですが，関係節は複数個付くことができるという点です。

  (24) a．*the hypothesis <u>that Japanese is an Altaic language</u> <u>that it is related with Turkish</u>（日本語がアルタイ語の1つであり，トルコ語と関係しているという仮説）

    b．the hypothesis <u>that Jack proposed</u> <u>which has been denied by a Japanese scholar</u>（ジャックが提案し，日本人研究者によって否定されている仮説）

　また，1つの名詞を同格節と関係節が修飾する時には，この順番で並びます。

  (25) a．the hypothesis <u>that Japanese is an Altaic language</u> that Jack has proposed

    b．*the hypothesis that Jack has proposed <u>that Japanese is an Altaic language</u>

つまり，同格節の方が関係節よりも，名詞との関わりが深く，結びつきが強いと言えます。

　後位修飾語の前置詞句にも，名詞との結びつきの強いものと弱いものがあります。(26)の斜体部は名詞との関係が深いですが，(27)の斜体部はゆるやかです。(26)の road ならば行き先があるはずですし，restriction ならば制限対象があるはずですし，attack ならば攻撃対象があるはずです。一方，(27)の斜体部は場所や時を表しており，名詞から独立した副詞的な働きをしています。

(26) the road *to the city* / the restriction *on the purchase of stocks* / their attack *against the enemy*

(27) the road *in the village* / restrictions *in the university* / their attack *in 1941*

両方のタイプの前置詞句が現れる時は，名詞と関係が深い前置詞句の方が副詞的な前置詞句よりも手前に生じます。

(28)　a．their attack against the enemy in 1941
　　　b．*their attack in 1941 against the enemy

(22)の同格節および(26)の前置詞句は，次章で見る動詞句内の「補部」に，一方(23)の関係節および(27)の前置詞句は第7章で見る「付加部」に相当します。補部，付加部の区別が，動詞句ばかりではなく，名詞句においても成り立つわけです。

◇この章のポイント

・目的語は，動作・行為の直接対象。名詞句からなる。

・名詞句は冠詞類から始まる。前位修飾語と後位修飾語をもつ。

・名詞の可算性は，個別化可能性で決まる。

The mother kangaroo
will feed new leaves **to her baby**
affectionately
while he is looking out
from her pouch.

第6章 補部

第6章 補部

「補部」は文を完成させるためには欠かすことのできない要素で，どのような補部が必要になるかは動詞によって決まります。カンガルーの前足（目的語）も補部の1つですが，胴体から伸びた「後足」もカンガルーには不可欠ですので，これも補部になります。前足は器用さ，後足は強靱さと，同じ足でもそれぞれ特徴が異なるように，補部の種類によって形や特徴も様々です。

6.1 補部の種類

　第4章で触れたように，動詞が決まると，その後にどのような要素がいくつ必要であるかが決まってきます。動詞が求める（必要とする）要素を「補部」と言います。補部は，動詞だけでは文法的にも意味的にも不完全なので，文字通り，それを「補」完する「部」分です。動詞にとってはなくてはならない部分です。5文型のOもCも，動詞を補完しますから，補部です。動詞と，その後に補部が揃って，動詞句というまとまりが形成されます。

　自動詞は目的語を取らないものの，その多くは前置詞句から成る補部を取ります。(1a)の2つの前置詞句は共に補部です。他動詞は，目的語に加えて，前置詞句の補部を取ることがあります。(1b)の名詞句と前置詞句は共に補部です。

(1) a. Jack talked <u>to Betty</u> <u>about the meeting</u>.（ジャックは会議のことについてベティに話しかけた）
　　 b. Jack told <u>Betty</u> <u>about the meeting</u>.
　　　（ジャックは会議のことについてベティに話した）

　上例のtalkとtellの比較からも分かるように，同じ補部でも，前置詞句と目的語名詞句では，動詞の表す動作・行為の影響という点で，目的語名詞句の方が直接的，前置詞句の方が間接的です。前置詞句の場合，前置詞が動詞と（前置詞の）目的語の間の緩衝役となり，動詞の目的語に対する影響が間接的になるからです。このことは，4.2でみた与格構文と二重目的語構文の対比にはっきりと出ています。(2a)のto Bettyでは，Bettyに向かって働きかけただけで，彼女がプレゼントを受け取ったとは限りません。一方，(2

b)の目的語 Betty では，彼女が受け取ったことを意味しています。

　（2）a．Jack gave the present to Betty.
　　　　b．Jack gave Betty the present.

　こうした補部の種類（名詞句であるか前置詞句であるか）により意味に体系的な相違が生じるのは，打撃動詞 (hammer, hit, kick, knock, shoot, smash など) や咀嚼(そしゃく)動詞 (bite, cut, eat など) などに見られる他動詞構文と at 前置詞句構文においてです（後者の構文を，専門用語で，動能(どうのう)構文と言います）。at 前置詞句構文というのは，下記(3b)のように，目的対象が at 前置詞句で表される構文です。目的対象に向かって働きかけるのですが，必ずしも動詞の表す動作・行為が成功したとは限らないことを表現しています。hit at the ball では，ボールを打とうとするのですが，実際に打てたか空振りに終わったかは分かりません。一方(3a)の他動詞構文では動作・行為が成功したことを意味しています。hit the ball ならば，実際にボールを打つことになります。前置詞句の前置詞 at が本来の意味（「〜に向かって」）を維持しているわけです。

　（3）a．hit the ball / shoot the cow / eat the apple
　　　　b．hit at the ball / shoot at the cow / eat at the apple

補部になる範疇は，名詞句，前置詞句，それに節です。名詞句は，前節で見たように，補部が目的語として生じた場合です。以下では，前置詞句と節について見ることにしましょう。

6.2　前置詞句

　前置詞句は，通常，前置詞とその目的語となる名詞句から構成さ

れます。しかし，通常の前置詞句が生じる位置に前置詞が単独で現れることができる場合があります。

(4) a. Jack put the dress *in the closet*.（前置詞＋名詞句）
　　 b. Jack put the dress *in*.（前置詞のみ）
(5) a. The baby crawled *under the table*.
　　　（前置詞＋名詞句）
　　 b. The baby crawled *under*.（前置詞のみ）

ちょうど動詞の eat や drink が目的語を取ったり取らなかったり，つまり他動詞としても自動詞としても用いられるのと同じように，前置詞の in や under は後に目的語を取る「他」前置詞としても，目的語のない「自」前置詞としても用いられます。動詞に続く目的語も前置詞に続く目的語も，それぞれの補部となっています。なお，「自」前置詞は，伝統的に副詞（あるいは，副詞的不変化詞）と見なされてきたものです。

　(4)(5)の前置詞句の所に，場所や方向を表す副詞が現れることもできます。副詞は，前置詞とは異なり，目的語を伴うことはできません。

(4) c. Jack put the dress *downstairs*.
(5) c. The baby crawled *outward*.

　(4)と(5)の(a)-(c)からすると，前置詞句と場所等を表す副詞とは基本的に同じ種類であると考えられます。in や under などは目的語を随意的に取る前置詞，downstairs などは目的語を取れない前置詞，さらに of や at のように必ず目的語を必要とする前置詞もあります。ちょうど動詞にも，目的語を随意的に取る動詞（cook, eat, smoke など），目的語を取れない動詞（arrive, listen, emerge など），必ず目的語を必要とする動詞（contain, force, have など）があることと平行関係になっています。

　前置詞は補部として，名詞句（目的語）を取ることが圧倒的に多いのですが，前置詞句を取ることもできます。

　　（6）a．He emerged *from* behind the door.
　　　　 b．She ran *down* to the station.
　　　　 c．They have lived here *since* after the war.

時を表す after, before, since などは，同じ意味で前置詞としても接続詞としても用いられます。形も意味も同じなのですから，これらの接続詞は，前置詞が補部として節を伴っている用例と見ることができます。

　　（7）a．She left here {*after* his arrival / *after* he arrived}.
　　　　 b．He has waited for her {*since* the end of the class / *since* the class ended}.

したがって，前置詞の取る補部として，名詞句のほかに，前置詞句と節を加えることができます。補部の種類が名詞句，前置詞句，節である点でも，前置詞は動詞と同じです。前置詞と動詞は，さらに，それらに後続する代名詞が him や me のように「目的格」形になるという点でも共通しています。

6.3　補文

　補部の所に現れている文——伝統的に，目的節，名詞的従属節，内容節などと呼ばれている節——を，補部の文,「補文」と言います。補文の種類は，第1章で見たさまざまな文の分類に対応しており，補文の構造はこれまで見てきた独立文（主文）の構造と基本的

に同じですが，いくつかの相違点も見られます。

　主文と補文から成る複文の働きは，補文で情報の内容を述べて，主文でその情報源を明らかにしたり，内容に対する評価や態度を明らかにしたりすることです。(8a)では「ベティが服薬しなかった」という補文の内容の情報源がジャックの見解によるものであることを，(8b)ではそれに対するジャックの残念な気持ちを表しています。

(8) a. Jack thinks *that Betty did not take the medicine.*
　　 b. Jack regrets *that Betty did not take the medicine.*

◎定形節

　(8)の補文は，第1章の定形性の分類からすると「定形節」，文タイプの分類からすると平叙文です。(9)–(11)も定形節ですが，(9)は疑問文，(10)は命令文，(11)は感嘆文です。

(9) a. I wonder *whether Betty will take the medicine.*
　　　　I asked *if Jack stayed home last night.*
　　 b. Jack asked *when Betty would take the medicine.*
　　　　I told Betty *which medicine she should buy.*
(10) a. Jack ordered *that Betty take the medicine.*
　　 b. Jack ordered *that Betty should go to hospital soon.*
(11) a. It is amazing *how effective this medicine is.*
　　 b. Many people know *what a good medicine this is.*

　独立文とは異なり，補文には共通して，その始まりを合図する要素（接続詞や疑問詞）があります。(8)の平叙文および(10)の命令文では that，(9)の疑問文では whether / if や疑問詞，(11)の感嘆文では感嘆詞が，その役割を果たしています。補文の疑問文で

は，独立文とは異なり，主語・助動詞の倒置がありません。なお，文タイプには基本的働きと形式の2つの側面があり（→1.2），形式の点からすると，従属節として生じている(10)の that 節を命令文と見ることには疑問が残るかもしれません。

◎不定詞節

次の(12)-(14)の補文は，定形性の分類からすると「不定詞節」，文タイプの分類からすると，(12)は平叙文，(13)は疑問文，(14)は命令文です。不定詞節の感嘆文はありません。

(12) a．I longed *for Betty to go abroad*.

　　　I want very much *for Betty to keep early hours*.

　　b．I wanted *Betty to take the medicine*.

　　　I believe *Betty to be a genius*.

　　c．I hate *to take the medicine*.

　　　I try *to keep early hours*.

(13) a．I wonder *whether to take the medicine*.

　　　*I wonder *if to take the medicine*.

　　b．I don't know *when to take the medicine*.

　　　I asked *which medicine to buy*.

(14) a．I order you *to take the medicine*.

　　b．I requested Betty *to take the medicine*.

不定詞節の主語は(12a)のように for によって導入されるのが最も一般的ですが，主文の動詞によっては(12b)のように for を必要としない場合があります。(12c)では補文の主語が明示されていませんが，主文主語と同じものを指している「意味上の主語」があるものと理解できます。主文主語と同じものを指すのですから，その

意味上の主語は代名詞となるはずです。そこで，補文主語が顕在していない場合には，主語として「見えない代名詞」が潜在していると考えることにしましょう。代名詞 (pronoun) なので，見えない代名詞を PRO で表すと，(12 c) は次の(15)のようになります。こう考えると，主語無し補文も，節の定義（主語＋述部から成る）を満たしていることになります。

 (15) I hate [PRO to take the medicine]. PRO＝I

(13)のような疑問節の不定詞節では，決して主語が顕在することはありません。また不定詞疑問節の接続詞として，if を用いることはできません。

下記(16)では，(12 c)とは異なり，主文の中に主語のほかに間接目的語 Betty があります。(16 a)でも，(12 c)と同様に，不定詞節の主語として PRO が存在しているものと考えられます。したがって，(16 a)は(16 b)のように表すことができます。この場合には「見えない」補文主語 PRO の先行詞は主語ではなく，間接目的語です。(16 a)ならば，服薬するのは，主語の私ではなく，間接目的語の Betty です。潜在的な補文主語の先行詞は，それに一番近い所にある主文内の名詞句——間接目的語があればそれ，なければ主語——である，という一般性があります。

 (16) a．I {persuaded / ordered / compelled} Betty *to take the medicine.*
   b．I {persuaded / ordered / compelled} Betty [PRO to take the medicine]. PRO＝Betty

◎動名詞節

補文として「動名詞節」が現れることもあります。動名詞として

現れる文タイプは，平叙文に限られます。動名詞節の主語は，(17 a)のように所有格形で生じる場合も，(17 b)のように目的格形で現れることも，(17 c)のように顕在していない場合もあります。

(17) a． She didn't mention *his leaving a lot of money to charities*.（彼女は，彼が大金を慈善施設に残したことに触れなかった）

I regret *the bill's being rejected*.
（法案が否決され残念だ）

b． She didn't mention *him leaving a lot of money to charities*.

I regret *the bill being rejected*.

c． She didn't mention *leaving a lot of money to charities*.

I regret *being rejected*.

動名詞節の主語が所有格の場合の方が目的格の場合に比べて，節というよりも名詞句に近い性質を持っています。所有格形になるのは人間を表す名詞とは限りません。また主語が顕在していない場合は，不定詞節と同様に，潜在的な代名詞 PRO が潜んでいるものと考えられます。「主語無し」動名詞も，主語 PRO と述部からなる「節」を成しているのです。

◎小節

次の3文はほぼ同じ意味を表しています。

(18) a． I believe *that Jack is honest*.

b． I believe *Jack to be honest*.

c． I believe *Jack honest*.

(18 a)の Jack と honest が主語・述部関係になっていると同様に，(18 b)(18 c)の Jack と honest も主語・述部関係になっているものと考えられます。例えば，1.3 で主語と述部の動詞が数（および人称）の点で一致することを見ましたが，述部の中に叙述名詞が現れている場合には，その叙述名詞も同じ節内の主語と数の点で一致していなければなりません。この制限は(18)の3文のいずれについても当てはまります。

(19) a. I believe that Jack is {a good doctor /*good doctors}.

b. I believe Jack to be {a good doctor /*good doctors}.

c. I believe Jack {a good doctor /*good doctors}.

(18 a)は定形節，(18 b)は不定詞節です。(18 c)も，主語と述部が揃っているのですから節と言えますが，定形節に比べると接続詞も be 動詞もありません。不定詞節と比べても to や be 動詞がありません。小さな節なので「小節（small clause）」と呼ぶことがあります。

(18 c)のような小節は，学校文法などでは SVOC の文型と見なされてきました。O も C も補部ですから，補部の要素として，これまで見てきた名詞句，前置詞句，節以外に，honest のような形容詞句を追加しなければなりません。しかし O と C で小節を構成しているのであれば，(18 c)は，(18 a)(18 b)と同様に，補部として節が1つ現れていることになります。補部の範疇は名詞句，前置詞句，節に限定されるわけです。(18)の believe は，一様に，補部として節を取っていることになります。

小節の述部には，形容詞句のほかに，名詞句，前置詞句が現れま

す。小節の述部としてどの種類の句を取り得るかは，主節の動詞によって異なります。

(20) a. I think Jack *very stupid*. （形容詞句）

b. I expect the sailor *off my ship*. （前置詞句）

c. I consider Jack *my best friend*. （名詞句）

「知覚動詞」（see，hear，feel，notice，watch など）の後に続く「目的語＋原形動詞」あるいは「目的語＋現在分詞」は，述部が動詞句である小節（「主語＋動詞句」）と見ることができます。

(21) a. We saw Betty {*cross / crossing*} *the street*.

b. I heard Jack {*sing / singing*} *a chanson*.

原形動詞の場合には動作の全過程を知覚するのに対して，現在分詞では進行中の一部分を知覚するという意味相違があります。-ing 形はここでも進行の意味が保持されています。

「使役動詞」（have，let，make）に続く「目的語＋原形動詞」および「目的語＋過去分詞」も，述部が動詞句である小節（「主語＋動詞句」）と見ることができます。

(22) a. The teacher made {*a pupil clear the blackboard / the blackboard cleared by a pupil*}.

b. I had {*my wife cut my hair / my hair cut by my wife*}.

小節の述部は，不定詞を導く to や be 動詞も持たない「裸の」形容詞句，名詞句，前置詞句，動詞句ということができます。

6.4 不定詞節・動名詞節の助動詞

　第3章で見たように，定形節には助動詞として(A)法助動詞，(B)相助動詞（完了の have や進行の be），(C)迂言助動詞（do, does, did）が現れます。不定詞節と動名詞節には，(B)は生じますが，(A)(C)は現れません。

(23) a ．*I expect Jack to *can* take a leave next year. （A）
　　 b ．I expect Jack to *have* taken the medicine. （B）
　　 c ．*I expect Jack to *do* not take a leave next year. （C）

(24) a ．*I recalled Jack *canning* take a leave next year. （A）
　　 b ．I recalled Jack *having* taken a leave last year. （B）
　　 c ．*I recalled Jack *doing* not take a leave next year. （C）

　3.1で，(A)の法助動詞は，(A)に属する他の法助動詞や(C)の迂言助動詞とは共起できないが，(B)の相助動詞とは共起できることを見ました。不定詞節の to が(A)(C)とは共起できないが，(B)とならば一緒に生じることができるという事実からすると，to は法助動詞の一種と見ることができるかもしれません。すぐ後で見るように，不定詞の to にも，法助動詞とよく似た独自の意味があります。to が法助動詞の一種であるならば，法助動詞の後の動詞は原形になるのですから，to の後に生じる動詞が原形となるのは，きわめて当然です。不定詞節にも，定形節と同じように，助動詞

（法助動詞の一種である to）が含まれていることになります。

　動名詞節の -ing についても同じように法助動詞分析ができるかもしれません。-ing は接辞なので一人立ちすることができず，原形動詞の後ろに回って一緒になり，動詞の -ing 形（動名詞）になると考えることもできます。

　不定詞節が否定形になる場合には，not が to の前に生じます。ただし方言によっては to の後に生じるのを認める人もいます（このような方言では，to の直後に not が生じるという点でも，to は法助動詞と同じように振る舞うことになります）。また，not は不定詞節内の have などの相助動詞の後に来ることはありません。

(25) a． I expect Jack *not* to take a leave next year.

　　　b． #I expect Jack to *not* take a leave next year.

　　　　　（方言によって可能）

　　　c． *I expect Jack to have *not* finished it by tomorrow.

動名詞節が否定形になる場合も，not が相助動詞や動詞の手前に現れ，have や be の後に来ることはありません。

(26) a． I remember Jack *not* having submitted the paper.

　　　b． *I remember Jack having *not* submitted the paper.

(27) a． We regret Betty *not* being examined by Jack.

　　　b． *We regret Betty being *not* examined by Jack.

6.5　意味の相違

◎叙実節

　次に示す(28 a)(28 b)の補文は共に定形の平叙節ですが，補文で

表されている出来事の事実性に関して相違があります。(28 a)ではBettyが服薬しなかったと考えているだけであり，服薬しなかったことが事実であるかどうかは分かりません。一方(28 b)では，服薬しなかったことが事実であると認めた上で，その事実に対するJackの態度を述べています。(28 b)では補文の内容の事実性が前提になっています。(28 b)の補文のように事実性が前提になっている節を，事実を叙述している節，すなわち「叙実節(factive clause)」，(28 a)の補文のように事実が前提になっていない節を「非叙実節(non-factive clause)」と言います。

(28) a. Jack thinks *that Betty did not take the medicine.*

b. Jack regrets *that Betty did not take the medicine.*

叙実節では，The clever man is foolish.（賢明な男が愚かだ）のような矛盾している文は許されませんが，非叙実節に生じれば，矛盾しなくなります。

(29) a. *Jack regrets *that the clever man is foolish.*
（ジャックは，あの賢い男が愚かであることを残念がっている）

b. Jack claims *that the clever man is foolish.*（ジャックは，あの賢い男は愚かであると主張している）

これは，ジャック自身は例えばTom is foolishと言っているのに，話し手が自分の判断でTomのことをthe clever manと言い換えて，ジャックの主張していることを(29 b)のように表現しているからです。非叙実節では話し手の考えに基づく表現が許されますが，叙実節では，その事実性が前提になっているのですから，話し手の主観的表現が入り込む余地がありません。

同様の理由で，叙実節の一部を質問することはできませんが，非

叙実節の一部を質問することはできます。

(30)　a．*What did Jack regret *that Betty bought ___*?
　　　b．What does Jack think *that Betty bought ___*?

叙実節では，そこで述べられていることの事実性が前提になっているので，その一部が質問の対象になるということはありえないわけです。叙実節は，外からの侵入を許さない頑強な砦(とりで)を作っています。

叙実節を補文として取る動詞には，comprehend（わかっている），deplore（嘆く），forget，regret，resent などがあります。これらの動詞が補文として非定形節を取る時は動名詞節になり(31b)，一方(28a)のような非叙実節を伴う動詞は非定形節が不定詞節になる傾向があります(31a)。

(31)　a．Jack thinks *Betty not to have taken the medicine.*
　　　　（ジャックは，ベティが服薬しなかったと思っている）　〈不定詞節〉
　　　　*Jack thinks *Betty not having taken the medicine.*
　　　　　　　　　　　　　　　　　　　　　　　〈動名詞節〉
　　　b．Jack regrets *Betty not taking the medicine.*
　　　　（ジャックは，ベティが服薬しなかったことを残念がった）　〈動名詞節〉
　　　　*Jack regrets *Betty not to take the medicine.*
　　　　　　　　　　　　　　　　　　　　　　　〈不定詞節〉

この理由は，次に見るような不定詞節と動名詞節の一般的な意味と関係しています。

◎不定詞節と動名詞節の意味

不定詞節は，一般的に，未来とか将来の可能性，つまりまだ実現

していない「非実現」を表します。これは不定詞を導く to が，歴史的に目標を表す前置詞 to に由来していることと関係しています。目的はまだ実現していないことを目指すのですから，to は非実現と深く関係しています。

　一方，動名詞節は，実際に起きた出来事や現在起こっている出来事など「実現」を表す傾向があります。特に同じ動詞が不定詞節と動名詞節の両方をとる場合，両者の意味の相違がはっきりと出てきます。好き嫌いを表す like, love, prefer, hate, loath (嫌悪する) などは不定詞節と動名詞節の両方を取りますが，不定詞節はこれから先のこと，つまり非実現のことを表すのに対し，動名詞節では現在実現していることを表します。

　　　(32) a．I like *to see a movie at the weekend.*
　　　　　 b．I like *seeing a movie at the weekend.*

(32 a) では，今は週末ではないが週末には映画を見たいという意味であるのに対して，(32 b) では，現在週末であり実際に映画を見ていることが好きだとか，習慣的に行っている週末ごとの映画鑑賞が好きであるという意味になります。

　過去の記憶に関係する remember, forget, regret などに続く補文では，不定詞節と動名詞節の意味の相違が一層はっきりとします。(33 a) ではこれからタームペーパーを提出せねばならないことを覚えているのに対して，(33 b) では既に提出したことを記憶しいているという解釈になります。

　　　(33) a．Jack remembers *to submit a term paper to his teacher.*
　　　　　 b．Jack remembers *submitting a term paper to his teacher.*

動詞 try も補文として不定詞節と動名詞節の両方を取ります。(34 a)の不定詞節は必ずしも「非実現」とは言い切れませんが、括弧内に示したように、実現しなかった内容が続くのが自然です。一方(34 b)の動名詞節は「実現」を表しており、主文動詞 try は期待していた結果が得られなかったことを述べています。

(34) a．He tried *to attend meetings of the Student Union* (, but eventually did not attend).（学友会の会合に出てみようとした（が，結局出席しなかった））

b．He tried *attending meetings of the Student Union* (, and was bored).（学友会の会合に試しに出てみた（が，退屈してしまった））

動作や行為の開始・継続・終了などの「相」を表す動詞 (begin, start ; continue ; stop, cease など) に続く補文では、不定詞節と動名詞節の意味の相違が微妙です。しかし、begin や start の場合には、不定詞節の内容が開始後中断したとしてもおかしくありませんが、動名詞節で述べられている動作は、開始後も続いているものと考えるのが自然です。

(35) a．Betty started *to answer the question.*
（ベティは質問に答え始めた）

b．Betty started *answering the question.*
（ベティは回答を開始し，続けた）

◎定形節・不定詞節・小節

定形節、不定詞節、小節の間にも微妙な意味の相違が見られます。that 節が最も客観的で、不定詞節がやや主観的で、小節が最も主観的であるという相違があります。次の3文の I found 以下の

部分はいずれも文法的に問題ありませんが，when 節で示されるような資料を調査した結果を報告するといった客観的な文脈では，(36)の a から b, c の順番で適切さが下がっていきます。

(36) a． When I looked in the files, I found *that she was Mexican.*
　　 b． ?When I looked in the files, I found *her to be Mexican.*
　　 c． *When I looked in the files, I found *her Mexican.*

客観的・主観的という相違を少し違った視点から考えてみると，客観的であるということは資料などに基づいて判断するのですから間接的であり，主観的であるということは自分の知識や直感に基づいて判断するのですから直接的であると言えます。that 節，不定詞節，小節の順で，「節の大きさ」が異なります。that 節には頭に that があり，不定詞節には to があり，小節にはそれらがありません。これらの節によって表されている内容についての判断が，いわば多くの装備をまとった大きな節ほど間接的であり，薄着の小さな節ほど直接的であるということができるかもしれません。

◇この章のポイント
- 補部は動詞の不完全さを補い，動詞と一緒に動詞句を作る。
- 補部には，名詞句，前置詞句，節が生じる。
- 補文になる節として，定形節，不定詞節，動名詞節，小節がある。

The mother kangaroo
will feed new leaves to her baby
affectionately
while he is looking out
from her pouch.

第7章 付加部

第7章 付加部

カンガルーには尾(しっぽ)があり，バランスをとったりする上で大切な役割を果たしていますが，哺乳類全体からすると，尾は随意的な部分です。文にもこの「尾」のような随意的で付加的な要素があり「付加部」と呼ばれています。ある動作や行為が行われる場所や時間，理由などを表す部分がそれに当たります。随意的ですが，動作や行為を詳細に述べる上で大切な役割を果たしています。

7.1 付加部の種類

　動詞の後には，動詞が求める（必要とする）補部とは別に，付随的な要素が現れます。付け足しの部分なので，「付加部 (adjunct)」と呼びます。付加部は補部よりも後方に現れます。伝統的に「副詞的要素」と言われていたもので，様態，場所，時，理由など様々な意味を添えます。

　付加部は，下記(a)のように副詞，(b)のように前置詞句，(c)のように節（副詞的従属節）などとして現れます。

(1) a. He explained the efficiency of the machine *convincingly*. 〈副詞〉
　　b. He explained the efficiency of the machine *in a convincing manner*. 〈前置詞句〉
　　c. He explained the efficiency of the machine *as is directed by the manual*. 〈節〉

(2) a. They slept *outside*. 〈副詞〉
　　b. They slept *out of the house*. 〈前置詞句〉
　　c. They slept *where they had once camped*. 〈節〉

(3) a. He stayed here *overnight*. 〈副詞〉
　　b. He stayed here *for a month*. 〈前置詞句〉
　　c. He stayed here *while my family was abroad*.
　　　　　　　　　　　　　　　　　　　　　　　　〈節〉

(4) a. I have known him long *since*. 〈副詞〉
　　b. I have known him *since his childhood*.
　　　　　　　　　　　　　　　　　　　　　　　　〈前置詞句〉

　　　　c．I have known him *since he was a high school student.* 〈節〉

　第6章で見たように，副詞が前置詞句の一種であり，また(4b)と(4c)の比較から明らかなように従属接続詞も前置詞の一種であるとするならば，いずれも広い意味での前置詞句であり，これら3種が付加部として生じるのは当然と言えます。この章では，付加部としての副詞と前置詞句について見ていきます。また，節から成る付加部（副詞的従属節）については次章で見ます。

◎名詞の副詞的用法

　時を表す表現には，yesterday, tomorrow, the day after tomorrow, next week, last month, two years ago, these days のように，「今」を基点にした表現があります。「先月」とか「来週」などは，6月とか日曜日のように具体的な日時を現す表現とは異なり，「今」が決まって初めて先月や来週がいつであるかが決まります。「今」との関係で相対的に時が決まるような時の表現が付加部として現れる場合には，前置詞を伴わずに名詞句で現れます。同様に「午前中」という一日の中の特定の時間帯を表す場合には前置詞句 (in the morning) になりますが，「今日の午前中」のように「今」を基点にする場合には前置詞を伴いません。

　　(5)　a．The earthquake took place in Sendai {*in July / last month*}.
　　　　b．Jack will date Betty {*on Sunday / next week*}.
　　　　c．I have to call Betty {*in the morning / this morning*}.

7.2 副詞の分類

　副詞は，伝統的に，修飾する範囲に基づいて，述部を修飾する「述部副詞」と，文全体を修飾する「文副詞」に分類するのが一般的です。修飾関係や生起する位置などに考慮すると，もう少し細かく分類する方が適当です。下記(A)-(D)の副詞は，それぞれ波括弧でくくった範囲を修飾しています。

(6) a．THE SPEAKER SAYS: [Jack [has [written a letter]]].
　　　　　　　　　　　　　　　　　　　　(A)動詞句副詞
　　　　　　　　　　　　　　　　　①様態（carefully）
　　　　　　　　　　　　　　　　　②手段（manually）
　　　　　　　　　　　　　　　　　③程度（completely）
　　　　　　　　　　　　　　　　　④場所（there）

　　b．THE SPEAKER SAYS: [Jack [has [written a letter]]].
　　　　　　　　　　　　　　　　　　(B)述部副詞
　　　　　　　　　　　　　　　　　⑤期間・時（temporarily）
　　　　　　　　　　　　　　　　　⑥頻度（frequently）

　　c．THE SPEAKER SAYS: [Jack [has [written a letter]]].
　　　　　　　　　　　　　　(C)文副詞
　　　　　　　　　　　　　　　⑦主語（cleverly）
　　　　　　　　　　　　　　　⑧主語意図（willingly）
　　　　　　　　　　　　　　　⑨場所/時

　　d．THE SPEAKER SAYS: [Jack [has [written a letter]]].
　　　　　(D)話者副詞
　　　　　　⑩確度（certainly）

⑪評価（luckily）

⑫表現方法（frankly）

(A)「動詞句副詞」と(B)「述部副詞」は，伝統的に述部副詞と言われていたものです。(A)は動詞（句）が表す動作・行為を修飾するのに対して，(B)はそれに時と頻度が関係しています。(C)「文副詞」と(D)「話者副詞」は共に文全体を修飾しますが，(C)は主に主語に関係したものであり，(D)は話者の観点から文全体に対して何らかの判断を述べるものです。こうした修飾範囲の相違が，生起する位置の相違を生み出します。

7.3　副詞の位置

前置詞句や節で表される付加部は，文末または文頭に現れます。文中の位置は避けられますが，コンマを置いて文中に現れることもあります。一方，語で表される付加部（副詞）は，(6)の分類に従い，いくつかの異なる位置に生じることができます。

◎動詞句副詞

動詞句副詞には，動作・行為の様態（やりかた）を表す様態副詞や，手段・方法を現す手段副詞，程度を表す程度副詞などがあります。

(7) ①様態副詞：carefully, politely, rudely（無礼に）, quickly, loudly, fluently（流暢に）, …

②手段副詞：mechanically（機械的に）, manually（手によって）, physically（物質的に）, …

③程度副詞：completely, considerably（かなり）, extremely, fully, moderately（適度に）, thoroughly（徹底的に）, …

動詞句副詞は，動詞句の最後または動詞のすぐ前に現れます。動詞と目的語の間には現れません。

(8) a. She is (*fluently*) speaking French (*fluently*).
　　b. It was (*mechanically*) dealt with (*mechanically*).
　　c. They will (*completely*) destroy the city (*completely*).

場所を表す副詞は，通常，前置詞句で表されますが，語で表されるものもあります。前置詞句が1語になったものもあります。

(9) ④場所副詞：abroad, aloft（空中に）, ashore（岸に）; here, there; downstairs（階下に）, downstream（下流に）, eastward（東方に）, inland（内地へ）, outdoors（屋外で）, outside, oversea（海外で）, underneath（地下で）, upstairs（階上で）, …

(10) a. They are traveling *abroad*.
　　b. He came *from India*, and now lives *in London*.

◎述部副詞

述部副詞には，期間の副詞，頻度を表す副詞などがあります。

(11) ⑤期間副詞：temporarily（一時的に）, permanently（永久に）, briefly（短期の間）, …
　　⑥頻度副詞：always, often, sometimes, frequently, usually, rarely, …

述部副詞は，動詞のすぐ前，動詞句の最後，さらにやや程度が落ちますが，助動詞の前にも現れます。

(12) ａ．They (*temporarily*) are (*temporarily*) living together (*temporarily*).

ｂ．Jack (*often*) would (*often*) talk with Betty (*often*).

　期間を表す前置詞句に for で始まるもの（例：for an hour（1時間の間））と，in で始まるもの（例：in an hour（1時間で））がありますが，どちらの前置詞句が用いられるかは，3.4 で見た動詞の相にかかっています。終わりが設けられている到達動詞（eat an apple, read the book など）によって表される行為や動作が終了している場合には in の前置詞句(13 a)，終了していない場合には for の前置詞句がつきます(13 b)。一方，終わりが設けられていない行為動詞（dance, run, read books など）には for の前置詞句がつきます(13 c)。なお，42 頁で見たように，read などは，目的語の単数/複数，定/不定によって相が変わる点に注意が必要です。瞬間的に動作が終了する達成動詞には at で始まる前置詞句がつきます(13 d)。

(13) ａ．Jack {ate an apple / read the book} *in an hour*.（ジャックは 1 時間で {りんごを食べ終わった/その本を読み終わった}）

ｂ．Jack {ate an apple / read the book} *for ten minutes*.（ジャックは 10 分間 {りんごを食べた/その本を読んだ}）

ｃ．Jack {ate apples / read books / danced / ran} *for an hour*.（ジャックは 1 時間 {りんごを食べていた/本を読んでいた/踊った/走った}）

ｄ．Jack {arrived at the summit / crossed the border} *at 10 o'clock*.（ジャックは 10 時に {山頂に着いた/

国境を越えた })

期間を表す前置詞句として，このほかに during, through, over で始まるものがあります。いずれも幅のある期間を表しますが，during は「ある特定の期間ずっと」という意味と「期間のうちのある時点で」という意味の両方の用法があります。through は「期間の間ずっと途切れることなく」というニュアンスがあります。over は「ある期間の始まりから終わりにまたがって」という意味になります。

(14) a. They played out of doors *during the summer*.
A thief got into the house *during the night*.
b. The party continued *through the night until dawn*.
（パーティは明け方まで夜通し続いた）
c. They redecorated their house *over Christmas*.
（彼らはクリスマスの間に改装した）

期間以外の時を表す前置詞句として，after, at（(13 d) 参照），before, in, on などで始まる前置詞句があります。

第3章で，現在完了形には過去の一時点を表す時の副詞が生じないことを見ましたが（*He has written the letter *last night*.），述部内に含まれる完了助動詞 have と時の副詞との間に，共起上の制限が成り立つためです。

◎文副詞

文副詞には，述部で表される行為を行う主語の性質や評価を表す主語副詞，主語の主体的な意志・意図を表す主語意図副詞があります。どちらも主語に関係した副詞です。

(15) ⑦主語副詞：cleverly, stupidly, carefully, wisely, …

⑧主語意図副詞：deliberately（故意に），intentionally（わざと），reluctantly（いやいや），volitionally（意図的に），willingly（よろこんで），…

主語副詞は，文頭，主語と助動詞の間，助動詞と動詞の間に現れます。一方，主語意図副詞は，助動詞と動詞の間に現れます。

(16) a．(*Cleverly*) he (*cleverly*) has (*cleverly*) confessed the fault.（彼は賢明にも誤ちを白状した）

b．(*Deliberately) he (*deliberately) has (*deliberately*) ignored her advice.
（彼は故意に彼女の忠告を無視した）

④でみた場所や⑤でみた時を表す前置詞句は，文末ばかりではなく，文頭にも現れます。文末に現れると，行為の行われる場所や時を表す副詞（(B)の述部副詞または(A)の動詞句副詞）としても，出来事が起こった時や場所を表す副詞（(C)の文副詞）としても解釈できます。一方，文頭に現れた場合には，(C)の文副詞の解釈のみが成立します。例えば，(17 a)の時の副詞は誕生年を表しており，(17 b)は「彼が幼児である」という出来事・状態が起きた年を表しており，(17 c)も彼の誕生という出来事が起きた年を表しています。

(17) a．He was born *in 1945*. 〈述部副詞〉
（1945年に生まれた――生まれた年）

b．He was a little boy *in 1945*. 〈文副詞〉
（1945年はまだほんの幼児だった――1945年の状態）

c．*In 1945*, he was born. 〈文副詞〉
（1945年には，彼が誕生した――1945年に生じた出来事）

(18) a. He studied *in the library*. 〈動詞句副詞〉
　　　（図書館で勉強した）
　　b. He studied physics *in England*.
　　　　　　　　　　　　　　　　　　〈文副詞/動詞句副詞〉
　　　（英国では物理を研究した/物理を英国で研究した）
　　c. *In the library*, he studied physics. 〈文副詞〉
　　　（図書館では物理の勉強をした）

述部副詞や動詞句副詞と文副詞とは，否定文においてはっきりとした相違が生じてきます。述部副詞や動詞句副詞は，否定文で否定の対象になりますが，文副詞は文頭に生じようと文末に生じようと，否定の対象から外れます。(19 a)では述部副詞の表す誕生年が否定されていますが，(19 b)(19 c)では文副詞が否定の対象から外れており，幼児であったことや生まれたことが否定されています。

(19) a. He was not born *in 1945*. 〈述部副詞〉
　　　（生まれたのは 1945 年ではない）
　　b. He was not a little boy *in 1945*. 〈文副詞〉
　　　（1945 年には既に幼児ではなかった）
　　c. *In 1945*, he was not born, but entered the primary school. 〈文副詞〉
　　　（1945 年には，彼が生まれたのではなく，小学校に入学した）

◎話者副詞

　話者副詞には，文で述べられている内容についての話し手の確信の度合いを表す確度副詞，文で述べられている出来事に対する話し手の評価を述べる評価副詞，発話の表現方法を表す表現方法副詞が

あります。いずれも話し手に関係した副詞です。

(20) ⑩確度副詞：certainly, surely, maybe, probably, obviously, presumably（おそらく），…

⑪評価副詞：fortunately, surprisingly, curiously（奇妙にも），happily, oddly, appropriately（適切にも），…

⑫表現方法副詞：frankly, briefly, confidentially（内緒の話だが），ironically（皮肉を言えば），scientifically,…

確度副詞は，文頭，主語と助動詞の間，助動詞と動詞の間に現れます。コンマを伴って文末にも現れます。一方，評価副詞および表現方法副詞は，文頭に現れます。

(21) a．(*Probably,*) he (*probably*) will (*probably*) win the race (, *probably*).

b．(*Fortunately,*) he has won.

c．(*Frankly,*) he was telling a lie.

◎副詞と位置

既に時および場所の副詞で見たように，同じ副詞でも，生じる位置によって異なった種類の副詞として働きます。

(22) a．He used a computer *cleverly*.　　〈様態副詞〉
　　　　（コンピューターを賢く用いた）

b．*Cleverly* he used a computer.　　〈主語副詞〉
　　　　（賢くも，コンピューターを活用した）

(23) a．He told the truth *frankly*.　　〈様態副詞〉
　　　　（真実を率直に話した）

b．*Frankly*, he did not tell the truth. 〈表現方法副詞〉
　　　　（率直に言えば，彼は本当のことを話していない）

(24) a．She lived with her family *happily*. 〈様態副詞〉
　　　　（家族と幸せに暮らした）

　　　b．She *happily* lived with her family. 〈主語副詞〉
　　　　（彼女は幸せにも家族と暮らした）

　　　c．*Happily*, she lived with her family. 〈評価副詞〉
　　　　（幸せなことだが，彼女は家族と暮らした）

(25) a．He stayed with her *briefly*. 〈期間副詞〉
　　　　（彼女と短期間一緒にいた）

　　　b．*Briefly*, he stayed with her. 〈表現方法副詞〉
　　　　（要するに，彼女と一緒だったのだ）

◇この章のポイント

・付加部は，動詞句，述部，文全体などを修飾する。
・付加部は，修飾範囲によって生起する場所が決まる。

The mother kangaroo
will feed new leaves to her baby
affectionately
**while he is looking out
from her pouch.**

第 **8** 章

従属節

第 **8** 章　従属節

これまで英語の文の仕組みをカンガルーに喩えてきました。イラストでは母親カンガルーのお腹の袋の中に「赤ん坊カンガルー」が入り込んでいます。赤ん坊もカンガルーであることに変わりはありませんから、親と同様に、頭、首、胴体、前足、後足、尾を備えています。この赤ん坊とそっくりなのが「従属節」です。母親カンガルーに当たる主節の中に従属節が抱え込まれています。赤ん坊はやがて母親から離れるので母親にとって不可欠な部位でないのと同じように、従属節も英文にとって必要不可欠な要素ではありません。

8.1 副詞節の位置

　従属節には，6.3で見た補文（名詞的従属節），5.5で見た同格節，関係節（形容詞と同様に名詞を修飾するので，形容詞的従属節）などのほかに，副詞的な働きをする副詞的従属節（副詞節）があります。副詞節は，前章で取り上げた付加部として，節が生じたものです。多くの場合，定形節で表されます。（1）はその若干例です。

(1) a． Jack cleans his teeth *before he goes to bed*.　〈時〉
　　 b． We will invite you over *after we are settled in*.
　　　　　　　　　　　　　　　　　　　　　　　　　　〈時〉
　　 c． I went out yesterday *although I had still a little fever*.　　　　　　　　　　　　　　　　　〈譲歩〉
　　 d． *Because I couldn't see well*, I had to sit nearer to the front.　　　　　　　　　　　　　　　〈理由〉
　　 e． *If it's wet*, there won't be a picnic.　　〈条件〉
　　 f． I will tell you the secret, *provided that you keep it to yourself*.　　　　　　　　　　　　　〈条件〉
　　 g． We booked early *so that we could be sure of getting good seats*.　　　　　　　　　　　　　〈目的〉

　多くの従属節は主節の後にも前にも現れますが，英語の基本語順からすると，主節―従属節の順が基本形です。従属節に関連する内容が先行文脈で現れている場合や，従属節が短い場合などに，主節の前に現れます。理由のbecauseが主節の後に現れている(2a)と，

前に現れている(2b)を比較してみましょう。主節と従属節の長さを比較すると，(2a)では主節より従属節の方が長く，逆に(2b)では従属節より主節の方が長いことがわかります。つまり，長い（重い）方の節が後に来ています。また(2a)では前に現れている主節の主語（Army's drawing）が，それに先行する文脈に現れているAmy Moore's printed housecoatからして，既知情報になっています。一方，(2b)では前に現れているbecause節の内容が，その手前の「消費者の利益」と結びつきやすいものになっています。

(2) a. It was semi-finalist Amy Moore's printed housecoat that won the approval of the magazine's Deputy Editor, Karen McCartney. "Amy's drawing caught my attention *because it was a simple but dramatic interpretation of the brief*."
（雑誌副編集長のカレン・マッカートニー氏の次のような賛同を勝ち得たのは，準優勝者アミー・ムーアのプリント部屋着であった。「アミーの図柄は単純でありながら，指示事項を画期的に解釈しているので，私の関心を惹きつけた」）

b. There is a dual benefit to the consumer: *because there is less wastage*, the genetically engineered tomatoes ought to be cheaper; and they ought to taste better too.
（消費者には二重の利益がある。失敗作が少ないので，遺伝子組み換えトマトは廉価になるに違いないし，きっと味も良いであろう）

8.2 非定形の副詞節

副詞的従属節（副詞節）の中には，定形以外の形で表現できるものがあります。定形以外の形として，不定詞，現在分詞または動名詞，過去分詞，無動詞（動詞を伴わない形容詞句や，名詞句，前置詞句）があります。

◎不定詞節

不定詞節は，(3)目的，(4)結果，(5)理由などを表す付加部（副詞節）として用いられます。明示されていない不定詞節の主語(PRO)は主節の主語と一致しています。不定詞節の主語が主節の主語と異なる場合には，(3b)のように，for＋名詞句で表します。

(3) a. He drove fast *to arrive at the town before the sunset*.（彼は日没前に町に到着するようにスピードを出した）

　　b. He drove fast *for his daughter to get the last train*.

(4) a. We enjoyed the dinner *to leave the restaurant contented*.
　　　（夕食を楽しんで，満足してレストランを出た）

　　b. Betty came home *to find the house had been fired*.
　　　（ベティは家に戻って，家屋が焼けてしまったと分かった）

(5) a. He must be out of his mind *to say such a thing*.
　　　（彼がそんなことを言うなんて，頭がおかしくなったに違いない）

b．Betty is well-disciplined *to use honorifics adequately.*（敬語を適切に使えることからすると，ベティはよく躾けられている）

目的を表す in order や様態を表す as if の後に不定詞節が続くことができます。

　（6）a．He drove fast *in order (for his daughter) to get the last train.*

　　　b．Betty glared at his father *as if to protest to him.*

◎現在分詞・動名詞節

動詞の-ing 形が，（7）理由，（8）条件や仮定，（9）時，（10）付帯状況などを表す付加部として用いられることがあります。「分詞構文」と呼ばれるものです。分詞構文の意味上の主語（PRO）は，主節の主語と一致しています。

　（7）a．*Knowing no Swahili*, I could not express my thanks.（スワヒリ語を知らなかったので，御礼を言えなかった）

　　　b．*Arriving at the agreement*, we opened a champagne.（合意に達したので，シャンパンを開けた）

　（8）a．*Getting up a little earlier*, you can get breakfast with me.
　　　　（もう少し早起きすれば，一緒に朝食を取れる）

　　　b．*Staying awake tonight*, we can see many shooting stars.
　　　　（今晩起きていれば，たくさんの流星が見られる）

　（9）a．*Eating our dinner*, we heard a loud noise.

(夕食をとっている時, 大きな音が聞こえた)

  b．*Seeing his master*, the dog stopped barking.

   (主人を見ると, 犬はなきやんだ)

(10) a．They talked cheerfully, *drinking wine*.

   (ワインを飲みながら, 楽しそうに話した)

  b．The boy tried to stay awake, *rubbing his eyes*.

   (少年は目をこすりながら起きていようとした)

動詞の‐ing形は, 時を表す before, after, since, when, while, once, 譲歩の although, though, 条件の if, unless, 様態の as if, as though などの接続詞の後に続くこともできます。接続詞ではありませんが, (同時であることを表す) 時の前置詞 on の後に-ing形が続くこともあります。これらの接続詞や前置詞によって, 分詞構文の意味的機能が明確にされます。接続詞 (または前置詞) を伴わない上記(7)-(10)のような分詞構文をタイプⅠ, 接続詞を伴った下記(11)のような分詞構文をタイプⅡと呼んでいくことにしましょう。

(11) a．Clean your teeth thoroughly *before going to bed*.

  b．*After using the brush*, put it in its proper place.

  c．*When walking along the cliff face*, you must take great care not to slip. (崖っぷちを歩く時は, 滑らぬように注意しなければいけない)

  d．*Although coming from poor homes*, they are well-disciplined. (貧しい家庭の出だが, よく躾けられている)

  e．*Unless meeting with unexpected difficulties at the office*, I shall be home early tonight. (会社で思わぬ

面倒がなければ，今晩は早めに帰宅する）

　　f ． *On seeing his master*, the dog stopped barking.

　　　（主人を見るなり，犬はなきやんだ）

分詞構文の主語が主節の主語と一致していない場合は，主語が明示されます。このような構文は，一般に「独立分詞構文」と言われています。独立分詞構文では，(12 a)のように理由や，(12 b)のように付帯状況を表します。タイプⅠに主語が加わった独立分詞構文をタイプⅢと呼ぶことにしましょう。タイプⅢはラテン語の同様な用法からの影響によるもので，現代英語（特にアメリカ英語）では形式的で硬い感じの言い方です。各用例の後に添えた（　　）のような定形節で表現する方が好まれます。

　(12)　a ． *The hour being late*, we said our goodbys.（＝Because the hour was late, …）

　　　　b ． The huge wolf, *its eyes gleaming in the dark*, approached us menacingly.（＝…, while its eyes were gleaming in the dark, …）

　　　　　（大きな狼が，暗闇にその目を爛々と輝やかせながら，威嚇するように我々に近づいてきた）

接続詞を伴ったタイプⅡに従属節独自の主語を加えた，下記(13)のような独立分詞構文——タイプⅣと呼びましょう——は許されません。

　(13)　a ． *When the hour being late*, we said our goodbys.

　　　　b ． *The huge wolf, *while its eyes gleaming in the dark*, approached us menacingly.

タイプⅣのような独立分詞構文が許されるのは，接続詞ではなく前置詞の with, without または on に導かれる場合に限られます

（タイプV）。

(14) a．*With the vacation drawing near*, we need make a plan for it.

b．The huge wolf, *with its eyes gleaming in the dark*, approached us menacingly.

c．*On the marathon winner entering the gate of the stadium*, a standing ovation ensued from the spectators.（マラソンの優勝者が競技場のゲートに入ってくると，喝采が観客から起こった）

タイプⅠ，Ⅱのように，分詞構文の主語が明示されていない場合には通常主文主語と一致しますが，一致していないような分詞構文を「懸垂分詞」と言います（下記(15)）。主語が明示されていない場合，聞き手は，まずそれを主文主語と同一なものとして解釈しようとしますから，懸垂分詞は解釈の上で混乱を引き起こします。懸垂分詞の使用は避けた方が無難です。

(15) a．*Being the eldest*, the responsibility fell on my shoulder.（＝As I was the eldest, ...）
（最年長なので，責任が私の肩に掛かっていた）

b．*After serving on several committees*, the association elected her their president.（＝After she served on several committees, ...）（いくつかの委員会を経験した後に，協会は彼女を会長に選出した）

これまで分詞構文の話をしていながら，-ing形のことを現在分詞とは言わずに，-ing形と言ってきました。動詞の-ing形は，現在分詞としても動名詞としても用いられます。伝統的に，名詞が生じる位置（主語，動詞の目的語，前置詞の目的語，be動詞の補部

などの位置）に現れる -ing 形は動名詞，それ以外の環境に現れる -ing 形は現在分詞と呼んでいます。しかしこうした区別をすると，(11 a) の before，(11 b) の after などの後に続いている -ing 形は，動名詞なのか現在分詞なのか判断がつきません。また (11 f) の on に続いている -ing 形は動名詞，(11 c) の when に続いている -ing 形は現在分詞ということになってしまいます。-ing 形がどのような環境に現れるかに基づいて動名詞・現在分詞の区別をするのは，余り根拠のあることではありません。特に 6.2 で見たように，全ての接続詞を，補部として節を取る前置詞と見るのであれば，before や on の後の -ing は動名詞，when や if の後の -ing は現在分詞などという区別は成り立たないことになります。そのために，分詞構文に現れる -ing 形を現在分詞とは呼ばずに，-ing 形と呼んできたわけです。今後も，-ing 形，または現在分詞/動名詞と呼んでいくことにします。

◎過去分詞節

過去分詞も，上で見た現在分詞/動名詞と同じような環境に現れます。すなわち，接続詞（前置詞）を伴わない分詞構文，それを伴った分詞構文として生じることができます。現在分詞/動名詞の場合に合わせて，それぞれタイプⅠ，タイプⅡと呼ぶことにしましょう。

(16) a. *Written in Hebrew*, this book is hard for Westerners to read.（ヘブライ語で書かれているので，この本は西洋人には読みにくい）

b. *Ordered by the teacher to clean the room*, the students began to do it reluctantly.

(先生に教室を掃除するように言われたので，生徒たちは不承不承そうし始めた)

(17) a．*Though born and brought up in England*, Betty is fond of everything Oriental. (イギリスで生まれ育てられたが，ベティは東洋的なものが何でも好きだ)

　　 b．*If examined carefully*, the whole business will no doubt turn to be a hoax. (吟味されれば，仕事全体がいかさまであることがきっと判明するだろう)

過去分詞の分詞構文でも，やや形式な言い方ですが，主節の主語とは異なる主語を明示することができます。過去分詞による独立分詞構文です (タイプⅢ)。この場合も，-ing 形の場合と同様に，分詞構文よりも定形節で表現する方が好まれます。

(18) a．*The lunch finished*, the guests retired to the lounge. (＝After the lunch finished, ...)
(昼食が済まされ，客たちは居間へ退いた)

　　 b．*Everything considered*, it seemed best to give up the whole plan. (＝After everything was considered, ...) (あらゆる点が考慮され，全計画を撤回するのが最善のようだった)

過去分詞の場合も，従属節独自の主語を持った独立分詞構文が接続詞に導かれた形 (タイプⅣ) になることはありません。

(19) a．*After the lunch finished*, the guests retired to the lounge.

　　 b．*After everything considered*, it seemed best to give up the whole plan.

接続詞の代わりに前置詞の with や without であれば，主語＋過

去分詞から成る独立分詞構文が可能です（タイプV）。ただし前置詞 on のあとに主語＋過去分詞から成る独立分詞構文が現れることはありません。

(20) a ． *With the boat destroyed*, the villagers began to starve.（ボートが壊されて，村人は餓死し始めた）

　　　b ． *Without an opening address made*, the meeting started and came to a climax soon.（開会の辞もなく，会議は始まりすぐに佳境に達した）

　　　c ． ＊*On the letter delivered*, she shot out from the house to receive it.

　　　Cf. *On the letter being delivered*, she shot out from the house to receive it.（手紙が配達されるや，彼女はそれを受け取りに家を飛び出した）

◎無動詞節

時の when, while, once, 譲歩の though, although, 条件の if, unless, 様態の as if, as though などの後には，動詞が現れずに，名詞句，前置詞句，形容詞句だけが現れることがあります。動詞（be 動詞）を欠いた節なので「無動詞節」と言います。

(21) a ． *When a little boy*, I looked at it quite differently from the way the adults did.（＝When I was a little boy, ...）（小さな子供の時，私はそれを大人とは全く違ったように見ていた）

　　　b ． *While at college*, he scarcely read books.（＝While he was at college, ...）

　　　c ． You may start soon, *if ready*.（＝..., if you are

ready.)（準備ができていれば，すぐ出発してよい）

(21)の例文は，現在分詞/動名詞および過去分詞の所で見たタイプIIに相当します。接続詞を伴わないタイプIに当たる無動詞節もあります。

(22) a． *A Christian*, he often made the trek to the old church (=Because he was a Christian, ...)
（キリスト教徒なので，彼はしばしばその古い教会へ出かけた）

b． *Angry for my fault*, she cursed me violently. (=While she was angry for my fault, ...)
（私の落ち度に怒って，彼女は私を激しく罵った）

接続詞を伴わなければ主語の明示された無動詞節（タイプIII）が可能ですが，接続詞を伴った形（タイプIV）は許されません。

(23) a． *His face red*, he started to apologize.

b． The contestants, *some of them primary school children*, were kept waiting for two hours.
（出場者は，その何人かが小学生だったが，2時間も待たされ続けた）

(24) a． **While his face red*, he started to apologize.

b． *The contestants, *though some of them primary school children*, were kept waiting for two hours.

接続詞の代わりに前置詞の with または without であれば，主語の明示された無動詞節が可能です（タイプV）。

(25) a． *With his face red*, he started to apologize.

b． They were standing against the wall *with their hands above their heads*. （手を頭の上にして，彼ら

は壁を背にして立っていた)

　無動詞節の主語 PRO も，原則的には主節主語と同一です。次の (26) のように，if や when，where などの後に necessary や possible などが続く慣用句では，仮主語 it ＋ be 動詞が省略されているものと考えられます。

(26) a. You may call me, *if necessary*. (=..., if it is necessary to call me.)

b. He came to Betty's house and helped her, *when possible*. (=..., when it was possible to come to Betty's house and help her.)

　上で2種類の分詞構文（-ing 形，過去分詞を含むもの）と無動詞節を見ましたが，これらの構文は be 動詞を欠いているという点で共通しています。その be 動詞が現在分詞/動名詞の分詞構文では進行形の be，過去分詞の分詞構文では受動態の be，無動詞節では叙述用法の繋辞 be（→ 4.4）という違いはありますが，いずれも be 動詞を欠いています（ただし，-ing 形には，knowing のように進行形になれない動詞が生じる場合もあります）。そのために，-ing 分詞構文では現在分詞/動名詞，過去分詞の分詞構文では過去分詞，無動詞節では叙述名詞や形容詞が，それぞれ「裸で」現れています。さらに，表1（次頁）から明らかなように，それぞれの構文のタイプⅠ〜Ⅴの可能性も一致しています。Ⅰ〜Ⅱは主語を伴わない形，Ⅲ〜Ⅴは主語を伴った形，ⅠとⅢは接続詞のない形，ⅡとⅣは接続詞に導かれた形，Ⅳは with または without に導かれた形です。前置詞 on のあとには -ing 形分詞構文のみが可能です。

　これら3種類に構文は，したがって，「be なし従属節」としてまとめることができるかもしれません。be 動詞のない従属節という

表1

主語の有無\接続詞の有無\タイプ	主語無し		主語有り		
	接続詞無し	接続詞有り	接続詞無し	接続詞有り	with有り
構文の種類	タイプⅠ	タイプⅡ	タイプⅢ	タイプⅣ	タイプⅤ
-ing 分詞構文	◯	◯	◯	×	◯
過去分詞分詞構文	◯	◯	◯	×	◯
無動詞節	◯	◯	◯	×	◯

点では，6.3で見た小節と同じです。したがって，分詞構文や無動詞節は，付加部に生じた小節とみることもできます。ただし小節の場合には，主語が義務的であり，タイプⅠおよびⅡに相当する形は許されません。

8.3 仮定法

複文構造で少し面倒なものに仮定法があります。面倒な理由は，1つには，仮定法現在とか仮定法過去と言いながら，現在や過去について述べているのではないためであり，もう1つには，動詞の形（特にbe動詞）が通常の現在時制や過去時制とは異なっているからです。

まず仮定法の代表的な形式と意味を整理しておきましょう。「仮定法現在」では，be動詞として現在形ではなく原形のbeが用いられ(27a)，主語が3人称単数でもいわゆる3単現の-sが付かない形（すなわち，1.3で見た主語と動詞の一致が成立していない形）が

用いられます(27 b)。仮定法現在と言いながら現在形ではありません。また意味の点でも，現在のことではなく，まだ実現化していない「非実現」について述べています。

 (27) a．We demand that *he be arrested*.

    （彼は逮捕されるべきだと要求している）

   b．It is essential that *she join us*.

    （彼女が加わることが不可欠だ）

「仮定法過去」は，動詞が過去形ですが，1人称・3人称単数主語のbe動詞としてはwasの代わりにwereが用いられることがあります。現在の事実とは異なる仮定や，実現する可能性の少ない近未来についての仮定を表します。

 (28) a．*If I were a bird*, I could fly to you.

    （もし鳥ならば，あなたの所へ飛んで行けるのに）

   b．*If we left here this evening*, we could get there tomorrow.（もし今晩ここを発てば，明日あそこに着けるだろうに）

「仮定法過去完了」は，動詞が過去完了形になります。過去の事実に反する仮定を表します。

 (29) *If Jack had professed his love for her*, they would have got married.（ジャックが彼女に対する愛を告白していたら，彼らは結婚していたことであろうに）

以上から分かるように，仮定法の現在・過去・過去完了という呼び方は，形式と深く関係しています。仮定法過去および過去完了は，それぞれ動詞の過去形，過去完了形で表現されます。これらは時制でいうと，共に過去時制です。それに引きずられて，もう1つの仮定法も，過去時制ではない時制の仮定法，つまり現在時制の仮

定法ということで，仮定法現在と名付けられてしまったのです。仮定法現在とは言っても，その形式は，現在形よりも原形に近いです。

仮定法の形式と意味の関係を略図化すると(30)のようになります。形式は時制によって表され，内容は時を表しています。時を表すのに，一歩退いた――すなわち，1つずらした――時制が用いられています。

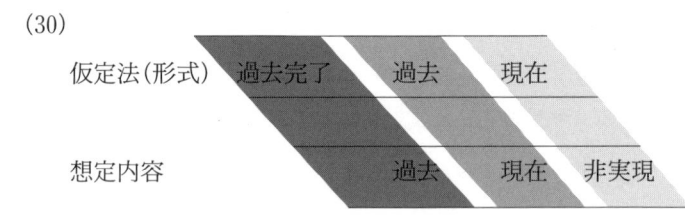

(30)

仮定法(形式)	過去完了	過去	現在
想定内容		過去	現在	非実現

時を1つ後退させることにより，描写する出来事との関係に距離を置くことになります。現在の出来事を現在形で表す，あるいは過去の出来事を過去形で表す（このような表し方を「直説法」と言います）ならば，表現された内容を事実に照らし合わせて「正しい」とか「間違っている」と真偽を判断することができます。しかし，仮定法では出来事との関係に距離を置くことにより，話し手の仮定・想定を表すことになります。そのために，仮定法では表現形式の時制が，想定内容の時よりも1つ後退しているわけです。なお，第3章でみた，現在のことを丁寧に表すのに過去形を用いるのも，同様な力が働いていると言えます。

◎仮定法現在

それぞれの仮定法をもう少し詳しく見てみましょう。仮定法現在は，主に要求を表す動詞 (command, demand, determine, insist, order, propose, recommend, request, suggest など），要求を表す形容詞（advisable, desirable, essential, imperative, important, mandatory, necessary, obligatory など），要求を表す名詞（demand や determination など，上述の要求動詞の派生名詞）に続く補文や，条件節などで用いられます。要求や，主張，提案の内容は実現化していない事柄ですから，非実現（実現していないことや，事実でないこと）を表しています。

(31) a. They insisted that *Jack be fired*.

b. It is mandatory that *every student study all the subjects hard*.（どの学生も全ての科目を一生懸命学ぶよう義務付けられている）

c. The order that *people not go out after 10 o'clock in the evening* was not observed.（午後10時以降外出してはならないという命令が守られなかった）

(32) a. *If he be employed as a full-time staff*, he ought to come to the company earlier than other staffs.
（もし正社員として雇われたならば，他の社員よりも早めに出勤するべきだ）

b. Providing that *the debate be heating up*, we should stop it at an appropriate point.
（議論が白熱したら，適当な所で中断するべきだ）

(32 a)(32 b)では原形 be の代わりに，現在形 is を用いることもできますが，仮定法だと可能性が低いことを表すのに対して，現在形の場合には可能性の高低については特に問題にしません。

仮定法現在の動詞の形をまとめると，次の通りになります。

(33) a. be 動詞を含め，動詞は原形。(31 a)(31 b)(31 c)(32

　　　　a) (32 b)
　　b．主節の時制の影響を受けない。(31 a) (31 c)
　　c．否定形に do, does が現れない。(31 c)

◎仮定法過去

　仮定法過去は，条件節，as if 節，wish や would rather など願望を表す述語の補文などに現れます。現在の事実とは異なる仮定・想定や，近未来の低い可能性を表します。(34 c)では補文動詞として attends を用いることもできますが，仮定法過去の方が実現の可能性が低くなります。(34 e)の It is time に続く補文でも，現実には寝ておらず，当然就寝しているべきであるという事実に反する想定が述べられています。

(34)　a．*If I were you*, I would not be so rude to her.
　　　　　（僕だったら，彼女にそんなぞんざいに接しない）
　　b．He treated her as *(if) she were a beast*.
　　　　　（彼は彼女を獣のように扱った）
　　c．I wish *Jack attended the meeting tomorrow*.
　　　　　（ジャックが明日出席してくれるといいのだが）
　　d．I'd rather *he didn't tell her*.
　　　　　（彼が彼女に話さないでほしいのだが）
　　e．It is time *you were in bed*.（床に着く時間だ）

仮定法過去の形式をまとめると，次の通りになります。

(35)　a．1人称・3人称単数主語の be 動詞は were（略式文体では was）。(34 a) (34 b)
　　b．条件節に対する帰結節では，助動詞の過去形＋動詞の原形。(34 a)

　　　　c．未来を表す副詞が生じうる。(34 c)

　　　　d．一般動詞は過去形，その否定には did。(34 c), (34 d)

◎仮定法過去完了

　　　仮定法過去完了は過去の事実に反する仮定・想定を表す条件節で用いられます。例えば，(36 a)では実際には彼を招聘しなかったのですが，その事実に反する仮定を条件節で想像しています。条件節が反事実ですから，その帰結を述べている帰結節の想定も反事実です。

　　(36)　a．*If they had invited him to the conference*, he would have been willing to attend.（彼を会議に招聘していたならば，彼は喜んで出席してくれただろうに）

　　　　b．*If he had admitted his faults*, they might have allowed him.（彼が自分の罪を認めていたならば，彼らは彼を許していただろうに）

　　仮定法過去の形式をまとめると，次の通りになります。

　　(37)　a．動詞は過去完了形。(36 a)(36 b)

　　　　b．帰結節では助動詞の過去形＋現在完了形。(36 a)(36 b)

◎仮定法の時制と時

　　　(30)で，仮定法ではその形式となる時制とそれが表現する時の概念とがずれていることを見ました。このことは，例えば(34 c)の I wish Jack attended the meeting tomorrow. のような仮定法過去の文を見れば明らかです。従属節の時制が過去時制であるにもかかわらず，未来の時を表す tomorrow が現れています。

これに関連して，仮定法の文が過去時制の主節動詞の下に埋め込まれる場合を考えて見ましょう。(38 a)のような文（直接話法の文）が(38 b)のような文（間接話法の文）に換えられると，主節の時制が過去の場合には，従属節の時制が現在時制から過去時制に変化することがよく知られています。時の流れからすると現在から後方の過去に変わるので，この変化を「後方転移」と呼んでいます。直接話法の(38 a)では，引用符内の発言をしたのは過去ですが，その時点で頭痛がしていたので，現在形で表されています。一方，間接話法の(38 b)では，発言内容が過去時制の主節動詞の下に埋め込まれており，その発言時点で頭痛がしていたので，発言内容の時制が主節の時制に合わせて現在時制から過去時制へと後方転移しています。また時制の後方転移に付随して，時の副詞も today が that day, this evening が that evening, tomorrow が the next day のように変化します。

　　(38)　a．He said, "I have a headache today."
　　　　　b．He said that he had a headache that day.

　ところが仮定法においては，直接話法から間接話法に転換しても，時制の後方転移が起こらないとされています。下記(39 a)の直接話法でも，(39 b)の間接話法でも，条件節における仮定法過去には変化が見られません。時の副詞にも変化が見られません。

　　(39)　a．He said, "*If we left this evening, we could get there tomorrow.*"
　　　　　b．He said that *if they left this evening, they could get there tomorrow.*

　ですが，(39 b)から直ちに「仮定法では時制の後方転移が起こらない」というのは早計過ぎるようです。(39 b)の代わりに，(39 c)

のように仮定法の過去完了形を用いることも可能です。

(39) c. He said that *if they had left this evening, they could have got there tomorrow.*

(39 b)と(39 c)では，話者が文全体をいつ述べたのかに関して相違があります。話者の発話時が this evening よりも早い時間（例えば正午）であるならば，これから先の反事実や低い可能性について述べているのですから，(39 b)のように仮定法過去になります。話者の発話時が既に this evening を過ぎていて（例えば，その日の深夜），しかも実際に出発していなかったならば，過ぎ去ったことについての反事実を述べるわけですから，(39 c)のように仮定法過去完了になります。さらに文全体の発話時が帰結節で想定された到着時よりも後であるならば，時の副詞も(39 d)のように変わってきます。

(39) d. He said that *if they had left that evening, they could have got there the next day.*

(39 d)だけを見ると仮定法の場合にも通常の直接話法から間接話法への転換のように，あたかも後方転移および副詞の変化が行われているかのように見えますが，実際には，仮定法では後方転移の影響を受けることなく，仮定法の本来の用法に基づいて形式（時制）が決まっているのです。(39 b)(39 c)のような仮定法の間接話法の文は，仮定法の時制（過去時制）は時を表しているのではないので，過去形の主節動詞の下に埋め込まれても機械的に時制の後方転移を受けないこと，より一般的には，第3章で見たように，時制と時とは別の問題であることを，それぞれ明確に示しています。

◇この章のポイント
- 副詞節は，付加部として節が生じたもの。
- 仮定法では，時に関して，内容と形式にズレを作り，距離を置く。

主要参考文献

Biber, Douglas, Stig Johansson, Geoffrey Leech, Susan Conrad, and Edward Finegan (1999) *Longman Grammar of Spoken and Written English*, Longman, London.
Declerck, Renaat (1991) *A Comprehensive Descriptive Grammar of English*, Kaitakusha, Tokyo.
Huddleston, Rodney, and Geoffrey K. Pullum (2002) *The Cambridge Grammar of the English Language*, Cambridge University Press, London.
Levin, Beth (1993) *English Verb Classes and Alternations: A Preliminary Investigation*, University of Chicago Press, Chicago.
Nakajima, Heizo, ed.（中島平三（編））(2001)『[最新] 英語構文辞典』大修館書店，東京。
Otsuka, Takanobu and Fumio Nakajima, ed.（大塚高信・中島文雄（編））(1982)『新英語学辞典』研究社，東京。
Palmer, Frank R. (1986) *Mood and Modality*, Cambridge University Press, London.
Palmer, Frank R. (1990³) *Modality and the English Modals*, Longman, London.
Quirk, Randolph, Sidney Greenbaum, Geoffrey Leech, and Jan Svartvik (1972) *A Grammar of Contemporary English*, Longman, London.
Quirk, Randolph, Sidney Greenbaum, Geoffrey Leech, and Jan Svartvik (1985) *A Comprehensive Grammar of the English Language*, Longman, London.

索 引

あ行

迂言助動詞　28, 102
埋め込み文　10

か行

外置構文　20
下位範疇化　57
過去分詞　29, 86, 101
　　——の形容詞的用法　86
過去分詞節　129
仮定法　32, 134
　　——過去　135, 138
　　——過去完了　135, 139
　　——現在　134, 136
関係節　71, 87
冠詞
　　ゼロ——　17, 18
　　定——　16
　　定——類　83
　　不定——　17
　　不定——類　83
冠詞類　81
感嘆詞　7, 96
感嘆文　7, 96
完了形　46, 116
　　——の完了用法　46, 48, 53
　　——の経験用法　46, 50, 53
　　——の継続用法　46, 53
　　——の結果用法　46, 49, 53
擬似受動文　65
疑問詞　6, 96
疑問文　6, 96, 97
　　WH——　6
　　yes-no——　6, 73
極性　7, 9

虚辞　20, 24, 25
軽から重へ　21, 57
繋辞　68, 133
形容詞　85
　　——の限定用法　85
　　——の後位修飾　85
　　——の叙述用法　71, 85
　　——の前位修飾　85
決定詞　77, 81
関係節　71, 87
現在分詞　29, 86, 101
　　——の形容詞的用法　86
現在分詞・動名詞節　125
懸垂分詞　128
限定数量詞　83
後位修飾語　77, 87
肯定文　7
後方転移　140
個別化　80

さ行

時制　11, 34, 135, 139
　　過去——　37
　　現在——　35
実現　106, 107
　　非——　106, 107, 135
従属節　10
　　形容詞的——　107
　　名詞的——　95
　　副詞的——　110, 122
重文　5
従文　10
主語　4, 14
　　意味上の——　25, 84, 97
　　文法上の——　25
主語・助動詞の倒置　6, 97

主語と動詞の一致　11, 100, 134
主節　10
主体　22
主題　14
述部　4
受動態　8, 62
　　自動詞の——　65
主部→主語
主文　10
受理者　58, 60
小節　99, 107, 134
情報
　　既知——　14, 21, 58
　　既知——から新——へ　21, 58
　　旧——　14
　　旧——から新——へ　21, 62
　　新——　14, 21, 58
叙実節　103, 104
　　非——　104
助動詞　28
進行形　39, 43
　　現在——　39
　　過去——　39
心理述語　24
数詞　82, 83
節　5, 56, 110
接続詞　96, 126
前位修飾語　77
前置詞
　　自——　94
　　他——　94
前置詞句　56, 92, 93, 110
相　28, 40, 107
総称　18
相助動詞　28, 102, 103
存在　84
　　——存在構文　25, 84

た行

態　8, 9
大過去　53
単文　5, 10
直説法　136
提供物　58, 60

定形性　11
定形節　11, 34, 96, 107
　　非——　11
丁寧表現　32, 38, 136
同格節　87
動詞　22
　　供給——　60
　　群集——　61
　　行為——　41, 43, 47, 49, 50, 51, 115
　　交替——　57, 76
　　使役——　101
　　思考——　22
　　嗜好——　22
　　授受——　58
　　受動化できない——　63
　　状態——　41, 44, 47, 49, 50, 51
　　除去——　61
　　スル——　66, 87
　　創作——　59
　　咀嚼——　93
　　対称——　63
　　打撃——　61, 93
　　達成——　40, 44, 47, 49, 50, 51
　　知覚——　22, 101
　　到達——　41, 43, 47, 49, 50, 51, 115
　　ナル——　66, 87
　　発話——　22
　　非言語表現——　22
　　非対格——　66
　　非能格——　66
　　布置——　60
　　要求——　136
動能構文　93
動名詞節　11, 98, 102, 106
時　35, 139
独立文　10

な行

二重目的語構文　58, 64, 76, 92
能動態　8, 62

は行

場所句倒置　25
否定形　103

否定文　7
付加部　89, 110, 122
不完全自動詞　72
副詞　110
　確度——　118
　期間——　114
　主語——　117
　主語意図——　117
　手段——　113
　述部——　112, 114, 117
　程度——　114
　動詞句——　112, 113, 117
　場所——　114
　評価——　119
　表現方法——　119
　頻度——　114
　文——　112, 116, 117
　様態——　113
　話者——　112, 118
副詞的不変化詞　94
複文　5, 10, 96
不定詞節　11, 97, 102, 106, 107, 124
文　4
分詞構文　125
　独立——　127, 130
文主語構文　19
文タイプ　6, 9
文法　4
平叙文　6, 96, 97
法助動詞　28, 30, 102
　——の根源用法　31
　——の特性用法　31, 32
　——の認識用法　31
　——の判断用法　30, 32
　——の要求用法　30, 32
法性　28, 30
補部　56, 89, 92

補文　95

ま行

無生物主語構文　23
無動詞節　131
名詞
　可算——　17, 77, 79
　固有——　79
　集合——　78, 79
　集団——　79
　叙述——　100
　抽象——　78, 79
　出来事——　78, 79
　不可算——　17, 77, 78, 79, 79
　普通——　78, 79
　物質——　78, 79
　物体——　78, 79
　類——　79
名詞句　56, 77
命令文　6, 96, 97
目的語　76
　間接——　76
　第1——　65
　第2——　65
　直接——　76

や行

与格　59
　——構文　59

be 動詞　68, 133
　——の叙述用法　68, 69, 71, 85
　——の同定用法　68, 69, 70
PRO　98, 99, 124, 125
There 構文　25

［著者紹介］

中島平三（なかじまへいぞう）

1946年，東京都生まれ。現在，学習院大学文学部英米文学科教授。Ph.D.（アリゾナ大学）。主要著書など：『発見の興奮——言語学との出会い』（大修館書店），『生成文法』（岩波書店，共著），*Locality and Syntactic Structures*（開拓社），『ことばの仕組みを探る』（研究社，共著），『［最新］英語構文事典』（大修館書店，編著）『明日に架ける生成文法』（開拓社，共著），『言語の事典』（朝倉書店，編著）など。

スタンダード英文法
えいぶんぽう

ⓒ Heizo Nakajima, 2006　　　　　　　　　NDC 835 x, 147p 21cm

初版第1刷────2006年3月1日

著　者──────中島平三
発行者──────鈴木一行
発行所──────株式会社 大修館書店
　　　　　　　〒101-8466　東京都千代田区神田錦町3-24
　　　　　　　電話　03-3295-6231 販売部／03-3294-2357 編集部
　　　　　　　振替　00190-7-40504
　　　　　　　［出版情報］http://www.taishukan.co.jp

装丁・イラスト──────中村友和
印刷所──────壮光舎印刷
製本所──────難波製本

ISBN4-469-24510-0　Printed in Japan

Ⓡ 本書の全部または一部を無断で複写複製（コピー）することは，著作権法上での例外を除き禁じられています。

〈テイクオフ〉英語学シリーズ

このシリーズは，英語学の概論用テキストで，〈テイクオフ〉の名のとおり，英語そのものを勉強してきた高校までの「英語学習」から，英語を素材とした「英語学」への橋渡しを目的としています。明快な記述はもちろんのこと，どの巻も，最新の知見をベースにしていますので，さらにその先の専門コースへもスムーズにつなげていくことができます（練習問題付き）。

A5判・本体各 1,600 円

① 英語の歴史……………………………………松浪　有編
　　古英語に始まる英語の歴史を，アメリカやカナダ，さらにはインド，シンガポール，フィリピンなどで使われる「新英語」までつなげて概観する。

② 英語の文法……………………………………村田勇三郎編
　　英語を学びかつ教える上で，今まで盲点となっていた機能主義的な観点から英文法を捉え直した新しい試み。暗記文法からの「テイクオフ」を目指す。

③ 英語の意味……………………………………池上嘉彦編
　　「英語学習」の段階では取り上げられることのなかったことばの意味の世界へテイクオフ！最近の認知意味論的視点も加えながらその接近方法を紹介。

④ 英語の使い方…………………………………今井邦彦著
　　"What was your name ?" など，普通に使われる表現でありながら，これまで扱われることのなかった生きた英語を実際の使用の観点から整理する。

定価＝本体＋税 5 %（2006 年 3 月現在）